Ein Landarzt und andere Erzählungen

A Country Doctor and Other Stories

[Bilingual Edition]

German – English

by Franz Kafka

Translated by Möwenstein

Contents

Elf Söhne

Eleven Sons

1.1 **Ich habe elf Söhne.**
I have eleven sons.

2.1 **Der erste ist äußerlich sehr unansehnlich,**
The first is outwardly very unprepossessing,

2.2 **aber ernsthaft und klug;**
but serious and clever;

2.3 **trotzdem schätze ich ihn, wiewohl ich ihn als Kind wie alle andern liebe, nicht sehr hoch ein.**
nevertheless, although I love him as a child like all the others, I do not rate him very highly.

2.4 **Sein Denken scheint mir zu einfach.**
His thinking seems too simple to me.

2.5 **Er sieht nicht rechts noch links und nicht in die Weite;**
He doesn't see to the right or to the left, or into the distance;

in seinem kleinen Gedankenkreis läuft er immerfort rundum oder dreht sich vielmehr. 2.6

in his little circle of thought he is always going round and round, or rather turning round.

Der zweite ist schön, schlank, wohlgebaut; 3.1

The second is handsome, slender, well-built;

es entzückt, ihn in Fechterstellung zu sehen. 3.2

it is delightful to see him in a fencing position.

Auch er ist klug, aber überdies welterfahren; 3.3

He, too, is clever, but moreover experienced in the world;

er hat viel gesehen, 3.4

he has seen much,

und deshalb scheint selbst die heimische Natur vertrauter mit ihm zu sprechen als mit den Daheimgebliebenen. 3.5

and therefore even the native nature seems to speak more familiarly with him than with those who have remained at home.

Doch ist gewiß dieser Vorzug nicht nur und nicht einmal wesentlich dem Reisen zu verdanken, er gehört vielmehr zu dem Unnachahmlichen dieses Kindes, das zum Beispiel von jedem anerkannt wird, der etwa seinen vielfach sich überschlagenden und doch geradezu wild beherrschten Kunstsprung ins Wasser ihm nachmachen will. 3.6

But this advantage is certainly not only and not even essentially due to travel, it is rather part of the inimitable quality of this child, who is recognized, for example, by anyone who wants to imitate his many somersaulting and yet almost wildly controlled artistic leap into the water.

3.7 Bis zum Ende des Sprungbrettes reicht der Mut und die Lust, dort aber statt zu springen, setzt sich plötzlich der Nachahmer und hebt entschuldigend die Arme.

His courage and desire reaches the end of the diving board, but instead of jumping, the imitator suddenly sits down and raises his arms apologetically.

3.8 – Und trotz dem allen (ich sollte doch eigentlich glücklich sein über ein solches Kind) ist mein Verhältnis zu ihm nicht ungetrübt.

– And despite all this (I should actually be happy to have such a child), my relationship with him is not unclouded.

3.9 Sein linkes Auge ist ein wenig kleiner als das rechte und zwinkert viel;

His left eye is a little smaller than his right and winks a lot;

3.10 ein kleiner Fehler nur, gewiß, der sein Gesicht sogar noch verwegener macht als es sonst gewesen wäre, und niemand wird gegenüber der unnahbaren Abgeschlossenheit seines Wesens dieses kleinere zwinkernde Auge tadelnd bemerken.

just a small flaw, of course, which makes his face even bolder than it would otherwise have been, and no one will notice this smaller winking eye as a rebuke to the unapproachable aloofness of his nature.

3.11 Ich, der Vater, tue es.

I, the father, do.

Es ist natürlich nicht dieser körperliche Fehler, der mir weh tut, sondern eine ihm irgendwie entsprechende kleine Unregelmäßigkeit seines Geistes, irgendein in seinem Blut irrendes Gift, irgendeine Unfähigkeit, die mir allein sichtbare Anlage seines Lebens rund zu vollenden. 3.12

Of course, it is not this physical defect that hurts me, but a small irregularity of his mind that somehow corresponds to it, some poison wandering in his blood, some inability to round off the structure of his life that is visible to me alone.

Gerade dies macht ihn allerdings andererseits wieder zu meinem wahren Sohn, denn dieser sein Fehler ist gleichzeitig der Fehler unserer ganzen Familie und an diesem Sohn nur überdeutlich. 3.13

On the other hand, it is precisely this that makes him my true son again, for this fault of his is at the same time the fault of our whole family, and in this son it is only abundantly clear.

Der dritte Sohn ist gleichfalls schön, aber es ist nicht die Schönheit, die mir gefällt. 4.1

The third son is also beautiful, but it is not the beauty that I like.

Es ist die Schönheit des Sängers: der geschwungene Mund; 4.2

It is the beauty of the singer: the curved mouth;

das träumerische Auge; 4.3

the dreamy eye;

der Kopf, der eine Draperie hinter sich benötigt, um zu wirken; 4.4

the head that needs a drapery behind it to be effective;

4.5 die unmäßig sich wölbende Brust;
the excessively arching chest;

4.6 die leicht auffahrenden und viel zu leicht sinkenden Hände;
the hands that rise slightly and sink far too easily;

4.7 die Beine, die sich zieren, weil sie nicht tragen können.
the legs that are coy because they cannot support themselves.

4.8 Und überdies: der Ton seiner Stimme ist nicht voll;
And moreover: the tone of his voice is not full;

4.9 trügt einen Augenblick;
deceives for a moment;

4.10 läßt den Kenner aufhorchen;
makes the connoisseur sit up and take notice;

4.11 veratmet aber kurz darauf –
but dies away shortly afterwards –

4.12 Trotzdem im allgemeinen alles verlockt, diesen Sohn zur Schau zu stellen, halte ich ihn doch am liebsten im Verborgenen;
Although everything generally tempts me to show off this son, I prefer to keep him hidden;

4.13 er selbst drängt sich nicht auf, aber nicht etwa deshalb, weil er seine Mängel kennt, sondern aus Unschuld.
he does not impose himself, not because he knows his shortcomings, but out of innocence.

4.14 Auch fühlt er sich fremd in unserer Zeit;
He also feels a stranger in our time;

als gehöre er zwar zu meiner Familie, aber überdies   4.15
noch zu einer andern, ihm für immer verlorenen, ist
er oft unlustig und nichts kann ihn aufheitern.

as if he belonged to my family, but moreover to another one
that is lost to him forever, he is often unhappy and nothing
can cheer him up.

Mein vierter Sohn ist vielleicht der umgänglichste   5.1
von allen.

My fourth son is perhaps the most sociable of them all.

Ein wahres Kind seiner Zeit, ist er jedermann   5.2
verständlich, er steht auf dem allen gemeinsamen
Boden und jeder ist versucht, ihm zuzunicken.

A true child of his time, he is understandable to everyone,
he stands on common ground and everyone is tempted to
nod at him.

Vielleicht durch diese allgemeine Anerkennung   5.3
gewinnt sein Wesen etwas Leichtes, seine
Bewegungen etwas Freies, seine Urteile etwas
Unbekümmertes.

Perhaps because of this general recognition, his nature
acquires something light, his movements something free,
his judgments something carefree.

Manche seiner Aussprüche möchte man oft   5.4
wiederholen, allerdings nur manche, denn in seiner
Gesamtheit krankt er doch wieder an allzu großer
Leichtigkeit.

One often wants to repeat some of his sayings, but only
some of them, because as a whole he suffers from too much
lightness.

5.5 Er ist wie einer, der bewundernswert abspringt, schwalbengleich die Luft teilt, dann aber doch trostlos im öden Staube endet, ein Nichts.

He is like someone who leaps off admirably, divides the air like a swallow, but then ends up desolate in the barren dust, a nothing.

5.6 Solche Gedanken vergällen mir den Anblick dieses Kindes.

Such thoughts spoil the sight of this child for me.

6.1 Der fünfte Sohn ist lieb und gut;

The fifth son is sweet and good;

6.2 versprach viel weniger, als er hielt;

promised much less than he delivered;

6.3 war so unbedeutend, daß man sich förmlich in seiner Gegenwart allein fühlte;

was so insignificant that one felt literally alone in his presence;

6.4 hat es aber doch zu einigem Ansehen gebracht.

but has nevertheless achieved some renown.

6.5 Fragte man mich, wie das geschehen ist, so könnte ich kaum antworten.

If I were asked how that happened, I could hardly answer.

6.6 Unschuld dringt vielleicht doch noch am leichtesten durch das Toben der Elemente in dieser Welt,

Innocence is perhaps the easiest way to penetrate the raging elements in this world,

6.7 und unschuldig ist er. Vielleicht allzu unschuldig.

and innocent he is. Perhaps all too innocent.

Freundlich zu jedermann. Vielleicht allzu freundlich. 6.8
Friendly to everyone. Perhaps all too friendly.

Ich gestehe: 6.9
I confess:

mir wird nicht wohl, wenn man ihn mir gegenüber 6.10
lobt.
I don't feel good when people praise him to me.

Es heißt doch, sich das Loben etwas zu leicht 6.11
zu machen, wenn man einen so offensichtlich
Lobenswürdigen lobt, wie es mein Sohn ist.
After all, praising someone as obviously praiseworthy as
my son means making praise a little too easy.

Mein sechster Sohn scheint, wenigstens auf den 7.1
ersten Blick, der tiefsinnigste von allen.
My sixth son seems, at least at first glance, to be the most
profound of them all.

Ein Kopfhänger und doch ein Schwätzer. 7.2
A head case and yet a chatterbox.

Deshalb kommt man ihm nicht leicht bei. Ist er am 7.3
Unterliegen,
That's why he's not easy to get along with. If he is losing,

so verfällt er in unbesiegbare Traurigkeit; 7.4
he falls into invincible sadness;

erlangt er das Obergewicht, so wahrt er es durch 7.5
Schwätzen.
if he gains the upper hand, he maintains it by gossiping.

7.6 **Doch spreche ich ihm eine gewisse selbstvergessene Leidenschaft nicht ab;**

But I do not deny him a certain self-forgetful passion;

7.7 **bei hellem Tag kämpft er sich oft durch das Denken wie im Traum.**

in broad daylight he often struggles through his thoughts as if in a dream.

7.8 **Ohne krank zu sein –**

Without being ill –

7.9 **vielmehr hat er eine sehr gute Gesundheit –**

on the contrary, he is in very good health –

7.10 **taumelt er manchmal, besonders in der Dämmerung, braucht aber keine Hilfe, fällt nicht.**

he sometimes staggers, especially at dusk, but needs no help and does not fall.

7.11 **Vielleicht hat an dieser Erscheinung seine körperliche Entwicklung schuld, er ist viel zu groß für sein Alter.**

Perhaps his physical development is to blame for this appearance; he is much too tall for his age.

7.12 **Das macht ihn unschön im Ganzen, trotz auffallend schöner Einzelheiten, zum Beispiel der Hände und Füße.**

This makes him unattractive as a whole, despite his strikingly beautiful details, such as his hands and feet.

7.13 **Unschön ist übrigens auch seine Stirn;**

His forehead is also unattractive;

sowohl in der Haut als in der Knochenbildung irgendwie verschrumpft. 7.14

both the skin and the bone formation are somehow shriveled.

Der siebente Sohn gehört mir vielleicht mehr als alle andern. 8.1

The seventh son belongs to me perhaps more than any other.

Die Welt versteht ihn nicht zu würdigen; 8.2

The world does not appreciate him;

seine besondere Art von Witz versteht sie nicht. 8.3

it does not understand his special kind of wit.

Ich überschätze ihn nicht; ich weiß, er ist geringfügig genug; 8.4

I do not overrate him; I know he is small enough;

hätte die Welt keinen anderen Fehler als den, daß sie ihn nicht zu würdigen weiß, sie wäre noch immer makellos. 8.5

if the world had no other fault than that of not appreciating him, it would still be spotless.

Aber innerhalb der Familie wollte ich diesen Sohn nicht missen. 8.6

But within the family I would not want to miss this son.

Sowohl Unruhe bringt er, als auch Ehrfurcht vor der Überlieferung, und beides fügt er, wenigstens für mein Gefühl, zu einem unanfechtbaren Ganzen. 8.7

He brings both unrest and reverence for tradition, and he combines both, at least to my mind, into an indisputable whole.

8.8 **Mit diesem Ganzen weiß er allerdings selbst am wenigsten etwas anzufangen;**

However, he himself knows the least about this whole;

8.9 **das Rad der Zukunft wird er nicht ins Rollen bringen, aber diese seine Anlage ist so aufmunternd, so hoffnungsreich;**

he will not set the wheels of the future in motion, but his disposition is so encouraging, so full of hope;

8.10 **ich wollte, er hätte Kinder und diese wieder Kinder.**

I wish he had children and they had children again.

8.11 **Leider scheint sich dieser Wunsch nicht erfüllen zu wollen.**

Unfortunately, this wish does not seem to be coming true.

8.12 **In einer mir zwar begreiflichen, aber ebenso unerwünschten Selbstzufriedenheit, die allerdings in großartigem Gegensatz zum Urteil seiner Umgebung steht, treibt er sich allein umher, kümmert sich nicht um Mädchen und wird trotzdem niemals seine gute Laune verlieren.**

In a self-satisfaction that is understandable to me, but equally undesirable, and which stands in great contrast to the judgment of those around him, he wanders around alone, doesn't care about girls and yet will never lose his good mood.

9.1 **Mein achter Sohn ist mein Schmerzenskind,**

My eighth son is my pain child,

9.2 **und ich weiß eigentlich keinen Grund dafür.**

and I don't really know why.

9.3 **Er sieht mich fremd an,**

He looks at me strangely,

und ich fühle mich doch väterlich eng mit ihm verbunden. 9.4
and yet I feel a close paternal bond with him.

Die Zeit hat vieles gut gemacht; früher aber befiel mich manchmal ein Zittern, 9.5
Time has done many things well,

wenn ich nur an ihn dachte. 9.6
but I used to tremble sometimes just thinking about him.

Er geht seinen eigenen Weg; 9.7
He goes his own way;

hat alle Verbindungen mit mir abgebrochen; 9.8
he has broken off all ties with me;

und wird gewiß mit seinem harten Schädel, 9.9
and with his hard skull,

seinem kleinen athletischen Körper – 9.10
his small athletic body –

nur die Beine hatte er als Junge recht schwach, 9.11
he only had rather weak legs as a boy,

aber das mag sich inzwischen schon ausgeglichen haben – 9.12
but that may have evened itself out by now –

überall durchkommen, wo es ihm beliebt. 9.13
he will certainly get through wherever he likes.

9.14 Öfters hatte ich Lust, ihn zurückzurufen, ihn zu fragen, wie es eigentlich um ihn steht, warum er sich vom Vater so abschließt und was er im Grunde beabsichtigt, aber nun ist er so weit und so viel Zeit ist schon vergangen, nun mag es so bleiben wie es ist.

I've often wanted to call him back and ask him how he's actually doing, why he's cutting himself off from his father like this and what he really wants to do, but now he's so far gone and so much time has passed, things may stay as they are.

9.15 Ich höre,

I hear that he is the only one of my sons to have a full beard,

9.16 daß er als der einzige meiner Söhne einen Vollbart trägt; schön ist das bei einem so kleinen Mann natürlich nicht.

which is not nice for such a small man.

10.1 Mein neunter Sohn ist sehr elegant und hat den für Frauen bestimmten süßen Blick.

My ninth son is very elegant and has that sweet look meant for women.

10.2 So süß, daß er bei Gelegenheit sogar mich verführen kann, der ich doch weiß, daß förmlich ein nasser Schwamm genügt, um allen diesen überirdischen Glanz wegzuwischen.

So sweet that on occasion he can even seduce me, who know that a wet sponge is enough to wipe away all that unearthly splendor.

10.3 Das Besondere an diesem Jungen aber ist, daß er gar nicht auf Verführung ausgeht;

But the special thing about this boy is that he is not at all interested in seduction;

ihm würde es genügen, _{10.4}

it would be enough for him to lie on the sofa all his life and
waste his gaze on the ceiling,

sein Leben lang auf dem Kanapee zu liegen und _{10.5}
seinen Blick an die Zimmerdecke zu verschwenden
oder noch viel lieber ihn unter den Augenlidern
ruhen zu lassen.

or even better to let it rest under his eyelids.

Ist er in dieser von ihm bevorzugten Lage, dann _{10.6}
spricht er gern und nicht übel; gedrängt und
anschaulich; aber doch nur in engen Grenzen; geht
er über sie hinaus, was sich bei ihrer Enge nicht
vermeiden läßt, wird sein Reden ganz leer.

If he is in this position, which he prefers, he likes to speak
and not badly; he speaks in a concentrated and descriptive
manner, but only within narrow limits; if he goes beyond
them, which cannot be avoided in their narrowness, his
speech becomes completely empty.

Man würde ihm abwinken, wenn man Hoffnung _{10.7}
hätte, daß dieser mit Schlaf gefüllte Blick es
bemerken könnte.

One would wave him off if one hoped that this sleep-filled
gaze might notice.

Mein zehnter Sohn gilt als unaufrichtiger Charakter. _{11.1}

My tenth son is considered an insincere character.

Ich will diesen Fehler nicht ganz in Abrede stellen, _{11.2}

I do not want to deny this fault entirely,

nicht ganz bestätigen. _{11.3}

nor confirm it.

11.4 Sicher ist, daß, wer ihn in der weit über sein Alter hinausgehenden Feierlichkeit herankommen sieht, im immer festgeschlossenen Gehrock, im alten, aber übersorgfältig geputzten schwarzen Hut, mit dem unbewegten Gesicht, dem etwas vorragenden Kinn, den schwer über die Augen sich wölbenden Lidern, den manchmal an den Mund geführten zwei Fingern –

It is certain that whoever sees him approaching with a solemnity far beyond his years, in a frock coat that is always fastened, in an old but meticulously polished black hat, with his impassive face, his slightly protruding chin, his eyelids bulging heavily over his eyes, his two fingers sometimes raised to his mouth –

11.5 wer ihn so sieht, denkt: das ist ein grenzenloser Heuchler.

whoever sees him like that thinks: he is a boundless hypocrite.

11.6 Aber, nun höre man ihn reden! Verständig; mit Bedacht;

But, now listen to him speak! Intelligently; with deliberation;

11.7 kurz angebunden;

briefly;

11.8 mit boshafter Lebendigkeit Fragen durchkreuzend;

crossing questions with malicious liveliness;

11.9 in erstaunlicher,

in astonishing,

11.10 selbstverständlicher und froher Übereinstimmung mit dem Weltganzen;

self-evident and joyful agreement with the world at large;

eine Übereinstimmung, die notwendigerweise den
Hals strafft und den Körper erheben läßt.

11.11

an agreement that necessarily tightens the neck and raises
the body.

Viele, die sich sehr klug dünken und die sich, aus
diesem Grunde wie sie meinten, von seinem Äußern
abgestoßen fühlten, hat er durch sein Wort stark
angezogen.

11.12

Many who thought themselves very clever and who,
for this reason, as they thought, felt repelled by his
appearance, were strongly attracted by his word.

Nun gibt es aber wieder Leute, die sein Äußeres
gleichgültig läßt, denen aber sein Wort heuchlerisch
erscheint.

11.13

But then again, there are people who are indifferent to
his outward appearance, but to whom his word seems
hypocritical.

Ich, als Vater, will hier nicht entscheiden, doch
muß ich eingestehen, daß die letzteren Beurteiler
jedenfalls beachtenswerter sind als die ersteren.

11.14

I, as a father, do not want to decide here, but I must admit
that the latter judges are in any case more noteworthy than
the former.

Mein elfter Sohn ist zart, wohl der schwächste unter
meinen Söhnen; aber täuschend in seiner Schwäche;
er kann nämlich zu Zeiten kräftig und bestimmt
sein, doch ist allerdings selbst dann die Schwäche
irgendwie grundlegend.

12.1

My eleventh son is delicate, probably the weakest of my
sons, but deceptive in his weakness, for he can be strong
and determined at times, but even then the weakness is
somehow fundamental.

12.2 **Es ist aber keine beschämende Schwäche, sondem etwas, das nur auf diesem unsern Erdboden als Schwäche erscheint.**

But it is not a shameful weakness, but something that only appears as weakness on this earth of ours.

12.3 **Ist nicht zum Beispiel auch Flugbereitschaft Schwäche, da sie doch Schwanken und Unbestimmtheit und Flattern ist?**

For example, is not readiness to fly also a weakness, since it is wavering and indeterminacy and fluttering?

12.4 **Etwas Derartiges zeigt mein Sohn.**

My son shows something like that.

12.5 **Den Vater freuen natürlich solche Eigenschaften nicht;**

Of course, the father is not happy about such qualities;

12.6 **sie gehen ja offenbar auf Zerstörung der Familie aus.**

they are obviously aimed at destroying the family.

12.7 **Manchmal blickt er mich an, als wollte er mir sagen:**

Sometimes he looks at me as if to say:

12.8 **›Ich werde dich mitnehmen, Vater.‹ Dann denke ich:**

'I'm going to take you with me, father.' Then I think:

12.9 **›Du wärst der Letzte, dem ich mich vertraue.‹**

'You'd be the last person I'd trust.'

12.10 **Und sein Blick scheint wieder zu sagen:**

And his look seems to say again:

12.11 **›Mag ich also wenigstens der Letzte sein.‹**

'So at least I may be the last.'

Das sind die elf Söhne. 13.1

These are the eleven sons.

Ein Bericht für eine Akademie

A Report for an Academy

1.1 Hohe Herren von der Akademie!

Gentlemen of the Academy!

2.1 Sie erweisen mir die Ehre, mich aufzufordern, der Akademie einen Bericht über mein äffisches Vorleben einzureichen.

You do me the honor of asking me to submit a report to the Academy about my ape-like past life.

3.1 In diesem Sinne kann ich leider der Aufforderung nicht nachkommen.

In this sense, I am unfortunately unable to comply with the request.

Nahezu fünf Jahre trennen mich vom Affentum, 3.2
eine Zeit, kurz vielleicht am Kalender gemessen,
unendlich lang aber durchzugaloppieren, so wie
ich es getan habe, streckenweise begleitet von
vortrefflichen Menschen, Ratschlägen, Beifall und
Orchestralmusik, aber im Grunde allein, denn alle
Begleitung hielt sich, um im Bilde zu bleiben, weit
von der Barriere.

Almost five years separate me from being a monkey, a time,
short perhaps measured by the calendar, but infinitely
long to gallop through, as I have done, accompanied
for stretches by excellent people, advice, applause and
orchestral music, but basically alone, because all the
company, to stay in the picture, stayed far away from the
barrier.

Diese Leistung wäre unmöglich gewesen, wenn 3.3
ich eigensinnig hätte an meinem Ursprung, an den
Erinnerungen der Jugend festhalten wollen.

This achievement would have been impossible if I had
stubbornly wanted to hold on to my origins, to the
memories of my youth.

Gerade Verzicht auf jeden Eigensinn war das oberste 3.4
Gebot, das ich mir auferlegt hatte;

Renouncing all stubbornness was the highest
commandment I had imposed on myself;

ich, freier Affe, fügte mich diesem Joch. 3.5

I, a free monkey, submitted to this yoke.

Dadurch verschlossen sich mir aber ihrerseits die 3.6
Erinnerungen immer mehr.

As a result, however, my memories became more and more
closed to me.

3.7 War mir zuerst die Rückkehr, wenn die Menschen gewollt hätten, freigestellt durch das ganze Tor, das der Himmel über der Erde bildet, wurde es gleichzeitig mit meiner vorwärtsgepeitschten Entwicklung immer niedriger und enger;

At first I was free to return, if people had wanted me to, through the whole gate that heaven forms above the earth, but at the same time as I was whipped forward, it became lower and narrower;

3.8 wohler und eingeschlossener fühlte ich mich in der Menschenwelt;

I felt more comfortable and more enclosed in the human world;

3.9 der Sturm, der mir aus meiner Vergangenheit nachblies, sänftigte sich;

the storm that blew after me from my past calmed down;

3.10 heute ist es nur ein Luftzug, der mir die Fersen kühlt;

Today it is only a breeze that cools my heels;

3.11 und das Loch in der Ferne, durch das er kommt und durch das ich einstmals kam, ist so klein geworden, daß ich, wenn überhaupt die Kräfte und der Wille hinreichen würden, um bis dorthin zurückzulaufen, das Fell vom Leib mir schinden müßte, um durchzukommen.

and the hole in the distance through which it comes and through which I once came has become so small that, if I had the strength and the will to walk back there, I would have to peel the skin off my body to get through.

3.12 Offen gesprochen, so gerne ich auch Bilder wähle für diese Dinge, offen gesprochen:

Frankly speaking, as much as I like to choose images for these things, frankly speaking:

Ihr Affentum, meine Herren, sofern Sie etwas
Derartiges hinter sich haben, kann Ihnen nicht
ferner sein als mir das meine.

Your monstrosity, gentlemen, if you have anything like
it behind you, cannot be further from you than mine is
from me.

An der Ferse aber kitzelt es jeden, der hier auf Erden
geht:

But it tickles the heel of everyone who walks here on earth:

den kleinen Schimpansen wie den großen Achilles.

the little chimpanzee as well as the great Achilles.

In eingeschränktestem Sinn aber kann ich doch
vielleicht Ihre Anfrage beantworten und ich tue es
sogar mit großer Freude.

In the most limited sense, however, I can perhaps answer
your question and I am very happy to do so.

Das erste, was ich lernte, war: den Handschlag geben;

The first thing I learned was to shake hands;

Handschlag bezeigt Offenheit;

a handshake shows openness;

mag nun heute, wo ich auf dem Höhepunkt meiner
Laufbahn stehe, zu jenem ersten Handschlag auch
das offene Wort hinzukommen.

now that I am at the pinnacle of my career, the open word
may be added to that first handshake.

5.4 Es wird für die Akademie nichts wesentlich Neues beibringen und weit hinter dem zurückbleiben, was man von mir verlangt hat und was ich beim besten Willen nicht sagen kann –

It will not teach the Academy anything essentially new and will fall far short of what was asked of me and what I cannot say with the best will in the world –

5.5 immerhin, es soll die Richtlinie zeigen, auf welcher ein gewesener Affe in die Menschenwelt eingedrungen ist und sich dort festgesetzt hat.

at least it should show the guideline on which a former ape has penetrated the human world and established itself there.

5.6 Doch dürfte ich selbst das Geringfügige, was folgt, gewiß nicht sagen, wenn ich meiner nicht völlig sicher wäre und meine Stellung auf allen großen Varietébühnen der zivilisierten Welt sich nicht bis zur Unerschütterlichkeit gefestigt hätte:

But I should certainly not be able to say even the trifling things that follow if I were not completely sure of myself and if my position on all the great variety stages of the civilized world had not been consolidated to the point of unshakeability:

6.1 Ich stamme von der Goldküste.

I come from the Gold Coast.

6.2 Darüber, wie ich eingefangen wurde, bin ich auf fremde Berichte angewiesen.

I have to rely on other people's reports as to how I was caught.

6.3 Eine Jagdexpedition der Firma Hagenbeck –

A hunting expedition from the Hagenbeck company –

mit dem Führer habe ich übrigens seither schon manche gute Flasche Rotwein geleert – 6.4

I've drunk many a good bottle of red wine with the guide since then, by the way –

lag im Ufergebüsch auf dem Anstand, als ich am Abend inmitten eines Rudels zur Tränke lief. 6.5

was lying on the bank in the bushes when I ran to the watering hole in the evening in the middle of a pack.

Man schoß; ich war der einzige, der getroffen wurde; 6.6

They shot; I was the only one who was hit;

ich bekam zwei Schüsse. 6.7

I got two shots.

Einen in die Wange; der war leicht; hinterließ aber eine große ausrasierte rote Narbe, die mir den widerlichen, ganz und gar unzutreffenden, förmlich von einem Affen erfundenen Namen Rotpeter eingetragen hat, so als unterschiede ich mich von dem unlängst krepierten, hie und da bekannten, dressierten Affentier Peter nur durch den roten Fleck auf der Wange. 7.1

One in the cheek; it was light, but left a large, shaved-out red scar, which earned me the disgusting, completely inaccurate name Rotpeter, literally invented by a monkey, as if I differed from the recently croaked, here and there known, trained monkey Peter only by the red spot on my cheek.

Dies nebenbei. 7.2

This by the way.

Der zweite Schuß traf mich unterhalb der Hüfte. 8.1

The second shot hit me below the hip.

8.2 **Er war schwer, er hat es verschuldet, daß ich noch heute ein wenig hinke.**

It was heavy, and it was his fault that I still limp a little today.

8.3 **Letzthin las ich in einem Aufsatz irgendeines der zehntausend Windhunde, die sich in den Zeitungen über mich auslassen:**

The other day I read in an essay by one of the ten thousand greyhounds who write about me in the newspapers:

8.4 **meine Affennatur sei noch nicht ganz unterdrückt;**

my monkey nature is not yet completely suppressed;

8.5 **Beweis dessen sei, daß ich, wenn Besucher kommen, mit Vorliebe die Hosen ausziehe, um die Einlaufstelle jenes Schusses zu zeigen.**

proof of this is that when visitors come, I like to take off my pants to show the entry point of that shot.

8.6 **Dem Kerl sollte jedes Fingerchen seiner schreibenden Hand einzeln weggeknallt werden.**

The guy should have every finger of his writing hand slapped off one by one.

8.7 **Ich, ich darf meine Hosen ausziehen, vor wem es mir beliebt;**

I, I may take off my pants before whom I please;

8.8 **man wird dort nichts finden als einen wohlgepflegten Pelz und die Narbe nach einem –**

nothing will be found there but a well-groomed pelt and the scar after a –

8.9 **wählen wir hier zu einem bestimmten Zwecke ein bestimmtes Wort,**

let us choose a particular word here for a particular purpose,

das aber nicht mißverstanden werden wolle –
8.10

but let it not be misunderstood –

die Narbe nach einem frevelhaften Schuß.
8.11

the scar after a sacrilegious shot.

Alles liegt offen zutage; nichts ist zu verbergen;
8.12

Everything is out in the open; nothing is to be concealed;

kommt es auf Wahrheit an,
8.13

when it comes to truth,

wirft jeder Großgesinnte die allerfeinsten
Manieren ab.
8.14

every great-minded man throws off the finest manners.

Würde dagegen jener Schreiber die Hosen ausziehen,
wenn Besuch kommt, so hätte dies allerdings ein
anderes Ansehen, und ich will es als Zeichen der
Vernunft gelten lassen, daß er es nicht tut.
8.15

If, on the other hand, that clerk were to take off his pants
when visitors come, it would certainly have a different
appearance, and I will take it as a sign of good sense that he
does not do so.

Aber dann mag er mir auch mit seinem Zartsinn vom
Halse bleiben.
8.16

But then he might as well stay away from me with his
delicacy.

Nach jenen Schüssen erwachte ich –
9.1

After those shots I woke up –

und hier beginnt allmählich meine eigene
Erinnerung –
9.2

and this is where my own memory gradually begins –

9.3 in einem Käfig im Zwischendeck des
Hagenbeckschen Dampfers.

in a cage in the tween deck of the Hagenbeck steamer.

9.4 Es war kein vierwandiger Gitterkäfig; vielmehr
waren nur drei Wände an einer Kiste festgemacht;
die Kiste also bildete die vierte Wand.

It wasn't a four-walled lattice cage; rather, only three walls
were attached to a crate, so the crate formed the fourth
wall.

9.5 Das Ganze war zu niedrig zum Aufrechtstehen und zu
schmal zum Niedersitzen.

The whole thing was too low to stand upright and too
narrow to sit down.

9.6 Ich hockte deshalb mit eingebogenen, ewig
zitternden Knien, und zwar, da ich zunächst
wahrscheinlich niemanden sehen und immer
nur im Dunkeln sein wollte, zur Kiste gewendet,
während sich mir hinten die Gitterstäbe ins Fleisch
einschnitten.

I therefore crouched with my knees bent and trembling,
and, as I probably didn't want to see anyone at first and only
ever wanted to be in the dark, turned towards the crate,
while the bars at the back cut into my flesh.

9.7 Man hält eine solche Verwahrung wilder Tiere in der
allerersten Zeit für vorteilhaft, und ich kann heute
nach meiner Erfahrung nicht leugnen, daß dies im
menschlichen Sinn tatsächlich der Fall ist.

In the very early days, it was thought to be advantageous
to keep wild animals in this way, and today I cannot deny
from my experience that this is indeed the case in the
human sense.

10.1 Daran dachte ich aber damals nicht.

But I didn't think about that at the time.

Ich war zum erstenmal in meinem Leben ohne
Ausweg;

10.2

For the first time in my life I had no way out;

zumindest geradeaus ging es nicht;

10.3

at least I couldn't go straight ahead;

geradeaus vor mir war die Kiste, Brett fest an Brett
gefügt.

10.4

straight ahead of me was the box, board to board.

Zwar war zwischen den Brettern eine durchlaufende
Lücke, die ich, als ich sie zuerst entdeckte, mit dem
glückseligen Heulen des Unverstandes begrüßte, aber
diese Lücke reichte bei weitem nicht einmal zum
Durchstecken des Schwanzes aus und war mit aller
Affenkraft nicht zu verbreitern.

10.5

There was a gap between the boards, which, when I
first discovered it, I greeted with the blissful howl of
incomprehension, but this gap was nowhere near wide
enough to even stick my tail through and could not be
widened with all the strength of a monkey.

Ich soll, wie man mir später sagte, ungewöhnlich
wenig Lärm gemacht haben, woraus man schloß, daß
ich entweder bald eingehen müsse oder daß ich, falls
es mir gelingt, die erste kritische Zeit zu überleben,
sehr dressurfähig sein werde.

11.1

I was later told that I made unusually little noise, which
led to the conclusion that I would either have to die soon
or that, if I managed to survive the first critical period, I
would be very fit for dressage.

Ich überlebte diese Zeit.

11.2

I survived this time.

11.3 Dumpfes Schluchzen, schmerzhaftes Flöhesuchen, müdes Lecken einer Kokosnuß, Beklopfen der Kistenwand mit dem Schädel, Zungenblecken, wenn mir jemand nahekam –

Muffled sobbing, painful flea-seeking, tired licking of a coconut, tapping the wall of the box with my skull, tongue-bleating when someone came near me –

11.4 das waren die ersten Beschäftigungen in dem neuen Leben.

these were the first occupations in my new life.

11.5 In alledem aber doch nur das eine Gefühl: kein Ausweg.

But there was only one feeling in all of this: no way out.

11.6 Ich kann natürlich das damals affenmäßig Gefühlte heute nur mit Menschenworten nachzeichnen und verzeichne es infolgedessen, aber wenn ich auch die alte Affenwahrheit nicht mehr erreichen kann, wenigstens in der Richtung meiner Schilderung liegt sie, daran ist kein Zweifel.

Of course, today I can only describe what I felt like a monkey back then with human words, but even if I can no longer achieve the old monkey truth, there is no doubt that it is at least in the direction of my description.

12.1 Ich hatte doch so viele Auswege bisher gehabt und nun keinen mehr.

I had had so many ways out so far and now I had none.

12.2 Ich war festgerannt. Hätte man mich angenagelt,

I was stuck. If I had been nailed down,

12.3 meine Freizügigkeit wäre dadurch nicht kleiner geworden.

my freedom of movement would not have diminished.

Warum das? Kratz dir das Fleisch zwischen den
Fußzehen auf,

Why was that? Scratch the flesh between your toes,

du wirst den Grund nicht finden.

you won't find the reason.

Drück dich hinten gegen die Gitterstange, bis sie dich
fast zweiteilt, du wirst den Grund nicht finden.

Press yourself against the bar at the back until it almost
cuts you in two, you won't find the reason.

Ich hatte keinen Ausweg, mußte mir ihn aber
verschaffen, denn ohne ihn konnte ich nicht leben.

I had no way out, but I had to find it, because I couldn't live
without it.

Immer an dieser Kistenwand –

Always against that wall of crates –

ich wäre unweigerlich verreckt.

I would inevitably have died.

Aber Affen gehören bei Hagenbeck an die
Kistenwand –

But monkeys belong on the crate wall at Hagenbeck –

nun, so hörte ich auf, Affe zu sein.

well, that's how I stopped being a monkey.

Ein klarer, schöner Gedankengang, den ich
irgendwie mit dem Bauch ausgeheckt haben muß,
denn Affen denken mit dem Bauch.

A clear, beautiful train of thought that I must have
somehow concocted with my stomach, because monkeys
think with their stomachs.

13.1 **Ich habe Angst, daß man nicht genau versteht, was ich unter Ausweg verstehe.**

I am afraid that people will not understand exactly what I mean by way out.

13.2 **Ich gebrauche das Wort in seinem gewöhnlichsten und vollsten Sinn.**

I use the word in its most ordinary and fullest sense.

13.3 **Ich sage absichtlich nicht Freiheit.**

I deliberately do not say freedom.

13.4 **Ich meine nicht dieses große Gefühl der Freiheit nach allen Seiten.**

I do not mean this great feeling of freedom in all directions.

13.5 **Als Affe kannte ich es vielleicht und ich habe Menschen kennengelernt, die sich danach sehnen.**

As an ape I may have known it and I have known people who long for it.

13.6 **Was mich aber anlangt,**

But as far as I'm concerned,

13.7 **verlangte ich Freiheit weder damals noch heute.**

I didn't demand freedom then or now.

13.8 **Nebenbei: mit Freiheit betrügt man sich unter Menschen allzuoft.**

Besides, freedom is all too often a betrayal among humans.

13.9 **Und so wie die Freiheit zu den erhabensten Gefühlen zählt,**

And just as freedom is one of the most sublime feelings,

so auch die entsprechende Täuschung zu den erhabensten.

13.10

the corresponding deception is also one of the most sublime.

Oft habe ich in den Varietés vor meinem Auftreten irgendein Künstlerpaar oben an der Decke an Trapezen hantieren sehen.

13.11

I have often seen a couple of artists working on trapezes up on the ceiling in variety shows before my appearance.

Sie schwangen sich, sie schaukelten, sie sprangen, sie schwebten einander in die Arme, einer trug den andern an den Haaren mit dem Gebiß.

13.12

They swung, they swayed, they jumped, they hovered in each other's arms, one carried the other by the hair with their teeth.

›Auch das ist Menschenfreiheit‹, dachte ich, ›selbstherrliche Bewegung.‹

13.13

'That too is human freedom,' I thought, 'high-handed movement.'

Du Verspottung der heiligen Natur!

13.14

You mockery of holy nature!

Kein Bau würde standhalten vor dem Gelächter des Affentums bei diesem Anblick.

13.15

No building could withstand the laughter of monkeys at this sight.

Nein, Freiheit wollte ich nicht. Nur einen Ausweg;

14.1

No, I didn't want freedom. Just a way out;

rechts, links, wohin immer;

14.2

right, left, wherever;

14.3 **ich stellte keine anderen Forderungen;**
I made no other demands;

14.4 **sollte der Ausweg auch nur eine Täuschung sein;**
even if the way out was only a deception;

14.5 **die Forderung war klein, die Täuschung würde nicht größer sein.**
the demand was small, the deception would be no greater.

14.6 **Weiterkommen, weiterkommen!**
Get on, get on!

14.7 **Nur nicht mit aufgehobenen Armen stillestehn,**
Just don't stand still with your arms raised,

14.8 **angedrückt an eine Kistenwand.**
pressed against the wall of a box.

15.1 **Heute sehe ich klar:**
Today I can see clearly:

15.2 **ohne größte innere Ruhe hätte ich nie entkommen können.**
without the greatest inner peace, I would never have been able to escape.

15.3 **Und tatsächlich verdanke ich vielleicht alles, was ich geworden bin, der Ruhe, die mich nach den ersten Tagen dort im Schiff überkam.**
And in fact, perhaps I owe everything I have become to the calm that came over me after the first few days on the ship.

15.4 **Die Ruhe wiederum aber verdankte ich wohl den Leuten vom Schiff.**
But I probably owed that peace to the people on the ship.

Es sind gute Menschen, trotz allem.

16.1

They are good people, despite everything.

Gerne erinnere ich mich noch heute an den Klang ihrer schweren Schritte, der damals in meinem Halbschlaf widerhallte.

16.2

I still like to remember the sound of their heavy footsteps echoing in my half-sleep.

Sie hatten die Gewohnheit, alles äußerst langsam in Angriff zu nehmen.

16.3

They had a habit of taking things very slowly.

Wollte sich einer die Augen reiben,

16.4

If one of them wanted to rub his eyes,

so hob er die Hand wie ein Hängegewicht.

16.5

he raised his hand like a hanging weight.

Ihre Scherze waren grob, aber herzlich.

16.6

Their jokes were coarse but hearty.

Ihr Lachen war immer mit einem gefährlich klingenden aber nichts bedeutenden Husten gemischt.

16.7

Their laughter was always mixed with a dangerous-sounding but meaningless cough.

Immer hatten sie im Mund etwas zum Ausspeien und wohin sie ausspien war ihnen gleichgültig.

16.8

They always had something in their mouths to spit out and they didn't care where they spit it out.

Immer klagten sie, daß meine Flöhe auf sie überspringen;

16.9

They always complained that my fleas were jumping on them;

16.10 aber doch waren sie mir deshalb niemals ernstlich böse;

but they were never seriously angry with me for it;

16.11 sie wußten eben, daß in meinem Fell Flöhe gedeihen und daß Flöhe Springer sind;

they just knew that fleas thrived in my fur and that fleas were jumpers;

16.12 damit fanden sie sich ab. Wenn sie dienstfrei waren,

they got over it. When they were off duty,

16.13 setzten sich manchmal einige im Halbkreis um mich nieder;

some of them sometimes sat down in a semicircle around me;

16.14 sprachen kaum, sondern gurrten einander nur zu;

they hardly spoke, but only cooed to each other;

16.15 rauchten, auf Kisten ausgestreckt, die Pfeife;

they smoked their pipes, stretched out on boxes;

16.16 schlugen sich aufs Knie, sobald ich die geringste Bewegung machte;

they slapped their knees as soon as I made the slightest movement;

16.17 und hie und da nahm einer einen Stecken und kitzelte mich dort, wo es mir angenehm war.

and here and there one took a stick and tickled me where it was pleasant.

Sollte ich heute eingeladen werden, eine Fahrt
auf diesem Schiffe mitzumachen, ich würde die
Einladung gewiß ablehnen, aber ebenso gewiß ist,
daß es nicht nur häßliche Erinnerungen sind, denen
ich dort im Zwischendeck nachhängen könnte.

16.18

If I were invited to take a trip on this ship today, I would
certainly decline the invitation, but it is equally certain
that it is not just ugly memories that I could dwell on there
in steerage.

Die Ruhe, die ich mir im Kreise dieser Leute erwarb,
hielt mich vor allem von jedem Fluchtversuch ab.

17.1

The peace that I acquired in the company of these people
kept me above all from any attempt to escape.

Von heute aus gesehen scheint es mir, als hätte ich
zumindest geahnt, daß ich einen Ausweg finden
müsse, wenn ich leben wolle, daß dieser Ausweg aber
nicht durch Flucht zu erreichen sei.

17.2

From today's perspective, it seems to me that I at least
suspected that I would have to find a way out if I wanted to
live, but that this way out could not be achieved by escape.

Ich weiß nicht mehr, ob Flucht möglich war, aber ich
glaube es;

17.3

I don't remember if escape was possible, but I believe it was;

einem Affen sollte Flucht immer möglich sein.

17.4

escape should always be possible for a monkey.

Mit meinen heutigen Zähnen muß ich schon beim
gewöhnlichen Nüsseknacken vorsichtig sein, damals
aber hätte es mir wohl im Laufe der Zeit gelingen
müssen, das Türschloß durchzubeißen.

17.5

With my teeth today I have to be careful even when
cracking nuts, but back then I should have been able to
bite through the door lock in the course of time.

17.6 Ich tat es nicht. Was wäre damit auch gewonnen gewesen?

I didn't. What would have been the point?

17.7 Man hätte mich, kaum war der Kopf hinausgesteckt, wieder eingefangen und in einen noch schlimmeren Käfig gesperrt;

As soon as my head was out, I would have been caught again and locked in an even worse cage;

17.8 oder ich hätte mich unbemerkt zu anderen Tieren, etwa zu den Riesenschlangen mir gegenüber flüchten können und mich in ihren Umarmungen ausgehaucht;

or I could have escaped unnoticed to other animals, such as the giant snakes opposite me, and breathed my last in their embraces;

17.9 oder es wäre mir gar gelungen, mich bis aufs Deck zu stehlen und über Bord zu springen, dann hätte ich ein Weilchen auf dem Weltmeer geschaukelt und wäre ersoffen.

or I might even have managed to steal up to the deck and jump overboard, then I would have rocked for a while on the ocean and drowned.

17.10 Verzweiflungstaten.

Acts of desperation.

17.11 Ich rechnete nicht so menschlich, aber unter dem Einfluß meiner Umgebung verhielt ich mich so, wie wenn ich gerechnet hätte.

I did not calculate so humanly, but under the influence of my surroundings I behaved as if I had calculated.

Ich rechnete nicht, wohl aber beobachtete ich in aller Ruhe.

18.1

I didn't calculate, but I observed calmly.

Ich sah diese Menschen auf und ab gehen, immer die gleichen Gesichter, die gleichen Bewegungen, oft schien es mir, als wäre es nur einer.

18.2

I saw these people walking up and down, always the same faces, the same movements, often it seemed to me that it was just one person.

Der Mensch oder diese Menschen gingen also unbehelligt.

18.3

So the person or these people walked unmolested.

Ein hohes Ziel dämmerte mir auf.

18.4

A lofty goal dawned on me.

Niemand versprach mir, daß, wenn ich so wie sie werden würde, das Gitter aufgezogen werde.

18.5

No one promised me that if I became like them, the bars would be lifted.

Solche Versprechungen für scheinbar unmögliche Erfüllungen werden nicht gegeben.

18.6

Such promises for seemingly impossible fulfillments are not given.

Löst man aber die Erfüllungen ein, erscheinen nachträglich auch die Versprechungen genau dort, wo man sie früher vergeblich gesucht hat.

18.7

But if the fulfillments are kept, the promises subsequently appear exactly where they were previously sought in vain.

Nun war an diesen Menschen an sich nichts, was mich sehr verlockte.

18.8

Now there was nothing about these people that enticed me very much.

18.9 Wäre ich ein Anhänger jener erwähnten Freiheit, ich hätte gewiß das Weltmeer dem Ausweg vorgezogen, der sich mir im trüben Blick dieser Menschen zeigte.

If I had been a follower of the freedom I mentioned, I would certainly have preferred the sea of the world to the way out that presented itself to me in the dull gaze of these people.

18.10 Jedenfalls aber beobachtete ich sie schon lange vorher, ehe ich an solche Dinge dachte, ja die angehäuften Beobachtungen drängten mich erst in die bestimmte Richtung.

In any case, I had observed them long before I thought of such things; indeed, the accumulated observations pushed me in a certain direction.

19.1 Es war so leicht, die Leute nachzuahmen.

It was so easy to imitate people.

19.2 Spucken konnte ich schon in den ersten Tagen.

I could already spit in the first few days.

19.3 Wir spuckten einander dann gegenseitig ins Gesicht;

We would spit in each other's faces;

19.4 der Unterschied war nur, daß ich mein Gesicht nachher reinleckte, sie ihres nicht.

the only difference was that I licked my face clean afterwards, she didn't lick hers.

19.5 Die Pfeife rauchte ich bald wie ein Alter;

I soon smoked the pipe like an old man;

19.6 drückte ich dann auch noch den Daumen in den Pfeifenkopf,

if I then pressed my thumb into the bowl of the pipe,

jauchzte das ganze Zwischendeck;   19.7

the whole tween deck cheered;

nur den Unterschied zwischen der leeren und der   19.8
gestopften Pfeife verstand ich lange nicht.

only I didn't understand the difference between the empty
and the stuffed pipe for a long time.

Die meiste Mühe machte mir die Schnapsflasche.   20.1

The bottle of schnapps gave me the most trouble.

Der Geruch peinigte mich; ich zwang mich mit allen 20.2
Kräften; aber es vergingen Wochen,

The smell tormented me; I forced myself with all my
strength,

ehe ich mich überwand.   20.3

but weeks passed before I overcame it.

Diese inneren Kämpfe nahmen die Leute   20.4
merkwürdigerweise ernster als irgend etwas sonst
an mir.

Strangely enough, people took these inner struggles more
seriously than anything else about me.

Ich unterscheide die Leute auch in meiner   20.5
Erinnerung nicht, aber da war einer, der kam immer
wieder, allein oder mit Kameraden, bei Tag, bei
Nacht, zu den verschiedensten Stunden;

I don't distinguish between the people in my memory
either, but there was one who kept coming back, alone or
with friends, by day, by night, at different hours;

stellte sich mit der Flasche vor mich hin und gab mir 20.6
Unterricht.

he stood in front of me with a bottle and gave me lessons.

20.7 **Er begriff mich nicht,**
He didn't understand me,

20.8 **er wollte das Rätsel meines Seins lösen.**
he wanted to solve the riddle of my being.

20.9 **Er entkorkte langsam die Flasche und blickte mich dann an, um zu prüfen, ob ich verstanden habe;**
He uncorked the bottle slowly and then looked at me to check whether I had understood;

20.10 **ich gestehe, ich sah ihm immer mit wilder, mit überstürzter Aufmerksamkeit zu;**
I confess that I always watched him with wild, hasty attention;

20.11 **einen solchen Menschenschüler findet kein Menschenlehrer auf dem ganzen Erdenrund;**
no human teacher on the face of the earth can find such a human pupil;

20.12 **nachdem die Flasche entkorkt war, hob er sie zum Mund;**
after uncorking the bottle, he raised it to his mouth;

20.13 **ich mit meinen Blicken ihm nach bis in die Gurgel;**
I followed him with my eyes right down his throat;

20.14 **er nickt, zufrieden mit mir, und setzt die Flasche an die Lippen;**
he nodded, satisfied with me, and put the bottle to his lips;

20.15 **ich, entzückt von allmählicher Erkenntnis, kratze mich quietschend der Länge und Breite nach, wo es sich trifft;**
I, delighted by gradual realization, scratch myself squealing length and breadth where it meets;

er freut sich, setzt die Flasche an und macht einen Schluck;   20.16

he rejoices, puts the bottle to his lips and takes a sip;

ich, ungeduldig und verzweifelt, ihm nachzueifern, verunreinige mich in meinem Käfig, was wieder ihm große Genugtuung macht;   20.17

I, impatient and desperate to emulate him, defile myself in my cage, which again gives him great satisfaction;

und nun weit die Flasche von sich streckend und im Schwung sie wieder hinaufführend, trinkt er sie, übertrieben lehrhaft zurückgebeugt, mit einem Zuge leer.   20.18

and now, stretching the bottle far from him and bringing it up again in a swing, he drinks it empty in one go, leaning back in an exaggeratedly instructive manner.

Ich, ermattet von allzu großem Verlangen, kann nicht mehr folgen und hänge schwach am Gitter, während er den theoretischen Unterricht damit beendet, daß er sich den Bauch streicht und grinst.   20.19

I, exhausted by too great a desire, can no longer follow and hang weakly from the bars, while he finishes the theoretical lesson by rubbing his stomach and grinning.

Nun erst beginnt die praktische Übung.   21.1

Now the practical exercise begins.

Bin ich nicht schon allzu erschöpft durch das Theoretische?   21.2

Am I not already too exhausted by the theory?

Wohl, allzu erschöpft. Das gehört zu meinem Schicksal.   21.3

Yes, all too exhausted. That's part of my fate.

21.4 **Trotzdem greife ich, so gut ich kann, nach der hingereichten Flasche;**
Nevertheless, I reach for the bottle handed to me as best I can;

21.5 **entkorke sie zitternd;**
I uncork it, trembling;

21.6 **mit dem Gelingen stellen sich allmählich neue Kräfte ein;**
as I succeed, new strength gradually sets in;

21.7 **ich hebe die Flasche,**
I lift the bottle,

21.8 **vom Original schon kaum zu unterscheiden;**
already barely distinguishable from the original;

21.9 **setze sie an und –**
I put it on and –

21.10 **und werfe sie mit Abscheu, mit Abscheu, trotzdem sie leer ist und nur noch der Geruch sie füllt, werfe sie mit Abscheu auf den Boden.**
and throw it with disgust, with disgust, even though it is empty and only the smell fills it, throw it on the floor with disgust.

21.11 **Zur Trauer meines Lehrers, zur größeren Trauer meiner selbst;**
To the sadness of my teacher, to the greater sadness of myself;

weder ihn noch mich versöhne ich dadurch, daß
ich auch nach dem Wegwerfen der Flasche nicht
vergesse, ausgezeichnet meinen Bauch zu streichen
und dabei zu grinsen. 21.12

I reconcile neither him nor myself by not forgetting, even
after throwing the bottle away, to stroke my stomach
excellently and grin at the same time.

Allzuoft nur verlief so der Unterricht. 22.1

All too often the lessons went like this.

Und zur Ehre meines Lehrers: er war mir nicht böse; 22.2

And to my teacher's credit, he wasn't angry with me;

wohl hielt er mir manchmal die brennende Pfeife ans
Fell, bis es irgendwo, wo ich nur schwer hinreichte,
zu glimmen anfing, aber dann löschte er es selbst
wieder mit seiner riesigen guten Hand; 22.3

he sometimes held the burning pipe to my fur until it began
to smolder somewhere I could hardly reach, but then he
extinguished it himself with his huge good hand;

er war mir nicht böse, er sah ein, daß wir auf der
gleichen Seite gegen die Affennatur kämpften und
daß ich den schwereren Teil hatte. 22.4

he wasn't angry with me, he realized that we were fighting
on the same side against the monkey nature and that I had
the harder part.

Was für ein Sieg dann allerdings für ihn wie für
mich, 23.1

But what a victory it was for him and for me when one
evening,

als ich eines Abends vor großem Zuschauerkreis – 23.2

in front of a large audience –

23.3 vielleicht war ein Fest, ein Grammophon spielte, ein
Offizier erging sich zwischen den Leuten –

perhaps there was a party, a gramophone was playing, and
an officer was talking among the people –

23.4 als ich an diesem Abend, gerade unbeachtet, eine
vor meinem Käfig versehentlich stehengelassene
Schnapsflasche ergriff, unter steigender
Aufmerksamkeit der Gesellschaft sie schulgerecht
entkorkte, an den Mund setzte und ohne Zögern,
ohne Mundverziehen, als Trinker von Fach, mit rund
gewälzten Augen, schwappender Kehle, wirklich und
wahrhaftig leer trank;

when I grabbed a bottle of schnapps that had accidentally
been left in front of my cage and, with the increasing
attention of the company, uncorked it in the proper
manner, put it to my mouth and, without hesitation,
without twisting my mouth, as a professional drinker,
with my eyes rolled round and my throat sloshing, really
and truly drank it empty;

23.5 nicht mehr als Verzweifelter, sondern als Künstler
die Flasche hinwarf;

no longer as a desperate man, but as an artist, threw down
the bottle;

23.6 zwar vergaß den Bauch zu streichen;

I forgot to stroke my stomach;

23.7 dafür aber, weil ich nicht anders konnte, weil es mich
drängte, weil mir die Sinne rauschten, kurz und gut

but because I couldn't help it, because I felt the urge,
because my senses were rushing, I called

23.8 »Hallo!«

"Hello!"

ausrief, in Menschenlaut ausbrach, mit diesem Ruf in die Menschengemeinschaft sprang und ihr Echo –   23.9
out, broke out in a human voice, jumped into the human community with this call and felt its echo –

»Hört nur, er spricht!«   23.10
"Listen, he's talking!"

wie einen Kuß auf meinem ganzen schweißtriefenden Körper fühlte.   23.11
like a kiss all over my sweaty body.

Ich wiederhole: 24.1
I repeat:

es verlockte mich nicht, die Menschen nachzuahmen;   24.2
I was not tempted to imitate people;

ich ahmte nach, weil ich einen Ausweg suchte, aus keinem anderen Grund.   24.3
I imitated because I was looking for a way out, for no other reason.

Auch war mit jenem Sieg noch wenig getan.   24.4
Nor was much done with that victory.

Die Stimme versagte mir sofort wieder;   24.5
My voice failed me again immediately;

stellte sich erst nach Monaten ein;   24.6
it only returned months later;

der Widerwille gegen die Schnapsflasche kam sogar noch verstärkter.   24.7
the aversion to the bottle of liquor became even stronger.

24.8 Aber meine Richtung allerdings war mir ein für allemal gegeben.

But my direction, however, was given to me once and for all.

25.1 Als ich in Hamburg dem ersten Dresseur übergeben wurde, erkannte ich bald die zwei Möglichkeiten, die mir offenstanden:

When I was handed over to the first trainer in Hamburg, I soon realized that I had two options:

25.2 Zoologischer Garten oder Varieté. Ich zögerte nicht.

Zoological Gardens or Varieté. I did not hesitate.

25.3 Ich sagte mir:

I said to myself:

25.4 setze alle Kraft an, um ins Varieté zu kommen;

use all your strength to get into the Varieté;

25.5 das ist der Ausweg;

that's the way out;

25.6 Zoologischer Garten ist nur ein neuer Gitterkäfig;

the zoo is just a new cage;

25.7 kommst du in ihn, bist du verloren.

if you get into it, you're lost.

26.1 Und ich lernte, meine Herren. Ach, man lernt, wenn man muß;

And I learned, gentlemen. Oh, you learn when you have to;

26.2 man lernt, wenn man einen Ausweg will; man lernt rücksichtslos.

you learn when you want a way out; you learn ruthlessly.

Man beaufsichtigt sich selbst mit der Peitsche; 26.3
One supervises oneself with the whip;

man zerfleischt sich beim geringsten Widerstand. 26.4
one tears oneself to pieces at the slightest resistance.

Die Affennatur raste, sich überkugelnd, aus mir 26.5
hinaus und weg, so daß mein erster Lehrer selbst
davon fast äffisch wurde, bald den Unterricht
aufgeben und in eine Heilanstalt gebracht werden
mußte.
The monkey nature raced out of me and away, spinning out
of control, so that my first teacher himself became almost
monkey-like and soon had to give up teaching and be taken
to a sanatorium.

Glücklicherweise kam er bald wieder hervor. 26.6
Fortunately, he soon emerged again.

Aber ich verbrauchte viele Lehrer, 27.1
But I used many teachers,

ja sogar einige Lehrer gleichzeitig. 27.2
even several teachers at the same time.

27.3 **Als ich meiner Fähigkeiten schon sicherer geworden war, die Öffentlichkeit meinen Fortschritten folgte, meine Zukunft zu leuchten begann, nahm ich selbst Lehrer auf, ließ sie in fünf aufeinanderfolgenden Zimmern niedersetzen und lernte bei allen zugleich, indem ich ununterbrochen aus einem Zimmer ins andere sprang.**

When I had become more confident in my abilities, when the public followed my progress, when my future began to shine, I took on teachers myself, had them sit in five consecutive rooms and studied with all of them at the same time, jumping from one room to another without interruption.

28.1 **Diese Fortschritte!**

This progress!

28.2 **Dieses Eindringen der Wissensstrahlen von allen Seiten ins erwachende Hirn!**

This penetration of the rays of knowledge from all sides into the awakening brain!

28.3 **Ich leugne nicht: es beglückte mich. Ich gestehe aber auch ein:**

I do not deny: it made me happy. But I also admit:

28.4 **ich überschätzte es nicht, schon damals nicht, wieviel weniger heute.**

I did not overestimate it, not even then, how much less today.

28.5 **Durch eine Anstrengung, die sich bisher auf der Erde nicht wiederholt hat, habe ich die Durchschnittsbildung eines Europäers erreicht.**

Through an effort that has never before been repeated on earth, I have achieved the average education of a European.

Das wäre an sich vielleicht gar nichts, ist aber 28.6
insofern doch etwas, als es mir aus dem Käfig
half und mir diesen besonderen Ausweg, diesen
Menschenausweg verschaffte.
That might be nothing in itself, but it is something in that it
helped me out of the cage and gave me this special way out,
this human way out.

Es gibt eine ausgezeichnete deutsche Redensart: 28.7
There is an excellent German expression:

sich in die Büsche schlagen; das habe ich getan, 28.8
to beat oneself into the bushes; that's what I did,

ich habe mich in die Büsche geschlagen. 28.9
I beat myself into the bushes.

Ich hatte keinen anderen Weg, immer vorausgesetzt, 28.10
daß nicht die Freiheit zu wählen war.
I had no other way, always assuming that there was no
freedom to choose.

Überblicke ich meine Entwicklung und ihr bisheriges 29.1
Ziel, so klage ich weder, noch bin ich zufrieden.
Looking at my development and where it has led me so far,
I am neither complaining nor satisfied.

Die Hände in den Hosentaschen, die Weinflasche 29.2
auf dem Tisch, liege ich halb, halb sitze ich im
Schaukelstuhl und schaue aus dem Fenster.
With my hands in my pockets and a bottle of wine on the
table, I half lie, half sit in a rocking chair and look out of the
window.

Kommt Besuch, empfange ich ihn, wie es sich 29.3
gebührt.
When visitors arrive, I receive them as I should.

29.4　Mein Impresario sitzt im Vorzimmer;

My impresario sits in the anteroom;

29.5　läute ich, kommt er und hört, was ich zu sagen habe.

when I ring the bell, he comes and listens to what I have to say.

29.6　Am Abend ist fast immer Vorstellung,

There's almost always a performance in the evening,

29.7　und ich habe wohl kaum mehr zu steigernde Erfolge.

and I can hardly be more successful.

29.8　Komme ich spät nachts von Banketten, aus wissenschaftlichen Gesellschaften, aus gemütlichem Beisammensein nach Hause, erwartet mich eine kleine halbdressierte Schimpansin und ich lasse es mir nach Affenart bei ihr wohlgehen.

When I come home late at night from banquets, scientific societies or cozy get-togethers, a little half-dressed female chimpanzee is waiting for me and I make myself comfortable with her, monkey-style.

29.9　Bei Tag will ich sie nicht sehen; sie hat nämlich den Irrsinn des verwirrten dressierten Tieres im Blick; das erkenne nur ich, und ich kann es nicht ertragen.

I don't want to see her during the day, because she has the madness of the confused trained animal in her eyes; only I can see that, and I can't bear it.

30.1　Im ganzen habe ich jedenfalls erreicht,

All in all,

30.2　was ich erreichen wollte.

I achieved what I wanted to achieve.

Man sage nicht, es wäre der Mühe nicht wert 30.3
gewesen.

Don't say it wasn't worth the effort.

Im übrigen will ich keines Menschen Urteil, ich will 30.4
nur Kenntnisse verbreiten, ich berichte nur, auch
Ihnen, hohe Herren von der Akademie, habe ich nur
berichtet.

Besides, I don't want to judge anyone, I only want to spread
knowledge, I only report, and I have only reported to you,
gentlemen of the Academy.

Ein altes Blatt

An Old Leaf

1.1 Es ist, als wäre viel vernachlässigt worden in der Verteidigung unseres Vaterlandes.

It is as if much has been neglected in the defense of our fatherland.

1.2 Wir haben uns bisher nicht darum gekümmert und sind unserer Arbeit nachgegangen; die Ereignisse der letzten Zeit machen uns aber Sorgen.

We have not been concerned about this up to now and have gone about our work, but recent events are causing us concern.

2.1 Ich habe eine Schusterwerkstatt auf dem Platz vor dem kaiserlichen Palast.

I have a cobbler's workshop on the square in front of the imperial palace.

2.2 Kaum öffne ich in der Morgendämmerung meinen Laden,

As soon as I open my store at dawn,

sehe ich schon die Eingänge aller hier einlaufenden Gassen von Bewaffneten besetzt.

I see armed men at the entrances to all the alleyways leading into the square.

Es sind aber nicht unsere Soldaten, sondern offenbar Nomaden aus dem Norden.

They are not our soldiers, however, but apparently nomads from the north.

Auf eine mir unbegreifliche Weise sind sie bis in die Hauptstadt gedrungen, die doch sehr weit von der Grenze entfernt ist.

In a way I can't understand, they have reached the capital, which is a long way from the border.

jedenfalls sind sie also da;

At any rate, they are there;

es scheint, daß es jeden Morgen mehr werden.

it seems that there are more every morning.

Ihrer Natur entsprechend lagern sie unter freiem Himmel, denn Wohnhäuser verabscheuen sie.

In keeping with their nature, they camp in the open air, as they detest dwellings.

Sie beschäftigen sich mit dem Schärfen der Schwerter, dem Zuspitzen der Pfeile, mit Übungen zu Pferde.

They spend their time sharpening their swords, sharpening their arrows and exercising on horseback.

Aus diesem stillen,

They have turned this quiet,

3.4 immer ängstlich rein gehaltenen Platz haben sie einen wahren Stall gemacht.

always fearfully clean place into a real stable.

3.5 Wir versuchen zwar manchmal aus unseren Geschäften hervorzulaufen und wenigstens den ärgsten Unrat wegzuschaffen, aber es geschieht immer seltener, denn die Anstrengung ist nutzlos und bringt uns überdies in die Gefahr, unter die wilden Pferde zu kommen oder von den Peitschen verletzt zu werden.

We sometimes try to run out of our stores and at least clear away the worst of the garbage, but it happens less and less often, because the effort is useless and also puts us in danger of falling under the wild horses or being injured by the whips.

4.1 Sprechen kann man mit den Nomaden nicht.

You can't talk to the nomads.

4.2 Unsere Sprache kennen sie nicht,

They don't know our language,

4.3 ja sie haben kaum eine eigene.

in fact they hardly have one of their own.

4.4 Untereinander verständigen sie sich ähnlich wie Dohlen.

They communicate with each other like jackdaws.

4.5 Immer wieder hört man diesen Schrei der Dohlen.

You hear the cry of the jackdaws again and again.

4.6 Unsere Lebensweise,

Our way of life,

unsere Einrichtungen sind ihnen ebenso unbegreiflich wie gleichgültig. 4.7

our facilities are as incomprehensible to them as they are indifferent.

Infolgedessen zeigen sie sich auch gegen jede Zeichensprache ablehnend. 4.8

As a result, they reject all sign language.

Du magst dir die Kiefer verrenken und die Hände aus den Gelenken winden, 4.9

You may twist your jaws and wring your hands out of your joints,

sie haben dich doch nicht verstanden und werden dich nie verstehen. 4.10

but they have not understood you and never will.

Oft machen sie Grimassen; 4.11

They often grimace;

dann dreht sich das Weiß ihrer Augen und Schaum schwillt aus ihrem Munde, 4.12

then the whites of their eyes turn and foam swells from their mouths,

doch wollen sie damit weder etwas sagen noch auch erschrecken; 4.13

but they don't want to say anything or scare you;

sie tun es, weil es so ihre Art ist. Was sie brauchen, 4.14

they do it because it's their way. What they need,

nehmen sie. Man kann nicht sagen, daß sie Gewalt anwenden. 4.15

they take. It cannot be said that they use violence.

4.16 **Vor ihrem Zugriff tritt man beiseite und überläßt ihnen alles.**

One steps aside before their grasp and leaves everything to them.

5.1 **Auch von meinen Vorräten haben sie manches gute Stück genommen.**

They have also taken many a good piece from my supplies.

5.2 **Ich kann aber darüber nicht klagen, wenn ich zum Beispiel zusehe, wie es dem Fleischer gegenüber geht.**

But I can't complain when I see how the butcher opposite is faring.

5.3 **Kaum bringt er seine Waren ein, ist ihm schon alles entrissen und wird von den Nomaden verschlungen.**

No sooner has he brought in his goods than everything is snatched from him and devoured by the nomads.

5.4 **Auch ihre Pferde fressen Fleisch;**

Their horses also eat meat;

5.5 **oft liegt ein Reiter neben seinem Pferd und beide nähren sich vom gleichen Fleischstück,**

often a rider lies next to his horse and both feed on the same piece of meat,

5.6 **jeder an einem Ende.**

each at one end.

5.7 **Der Fleischhauer ist ängstlich und wagt es nicht, mit den Fleischlieferungen aufzuhören.**

The butcher is anxious and doesn't dare stop delivering meat.

5.8 **Wir verstehen das aber,**

But we understand,

schießen Geld zusammen und unterstützen ihn. 5.9

put money together and support him.

Bekämen die Nomaden kein Fleisch, wer weiß, was 5.10
ihnen zu tun einfiele;

If the nomads didn't get meat, who knows what they would
think of doing;

wer weiß allerdings, was ihnen einfallen wird, selbst 5.11
wenn sie täglich Fleisch bekommen.

but who knows what they will think of even if they get
meat every day.

Letzthin dachte der Fleischer, er könne sich 6.1
wenigstens die Mühe des Schlachtens sparen, und
brachte am Morgen einen lebendigen Ochsen.

Last time, the butcher thought he could at least save
himself the trouble of butchering and brought a live ox
in the morning.

Das darf er nicht mehr wiederholen. 6.2

He can't do that again.

Ich lag wohl eine Stunde ganz hinten in meiner 6.3
Werkstatt platt auf dem Boden und alle meine
Kleider, Decken und Polster hatte ich über mir
aufgehäuft, nur um das Gebrüll des Ochsen nicht
zu hören, den von allen Seiten die Nomaden
ansprangen, um mit den Zähnen Stücke aus seinem
warmen Fleisch zu reißen.

I must have spent an hour lying flat on the floor at the back
of my workshop, with all my clothes, blankets and cushions
piled on top of me, just so I wouldn't hear the roar of the ox
as the nomads jumped at it from all sides, tearing chunks
out of its warm flesh with their teeth.

6.4 Schon lange war es still ehe ich mich auszugehen getraute;

It was quiet for a long time before I dared to go out;

6.5 wie Trinker um ein Weinfaß lagen sie müde um die Reste des Ochsen.

they lay wearily around the remains of the ox like drinkers around a barrel of wine.

7.1 Gerade damals glaubte ich den Kaiser selbst in einem Fenster des Palastes gesehen zu haben;

Just then I thought I saw the Emperor himself in a window of the palace;

7.2 niemals sonst kommt er in diese äußeren Gemächer,

he never comes into these outer chambers,

7.3 immer nur lebt er in dem innersten Garten;

he only ever lives in the innermost garden;

7.4 diesmal aber stand er, so schien es mir wenigstens, an einem der Fenster und blickte mit gesenktem Kopf auf das Treiben vor seinem Schloß.

but this time, at least it seemed to me, he stood at one of the windows and looked with bowed head at the goings-on in front of his palace.

8.1 »Wie wird es werden?« fragten wir uns alle.

"What will it be like?" we all ask ourselves.

8.2 »Wie lange werden wir diese Last und Qual ertragen?

"How long will we endure this burden and torment?

8.3 Der kaiserliche Palast hat die Nomaden angelockt, versteht es aber nicht, sie wieder zu vertreiben.

The imperial palace has attracted the nomads, but is unable to drive them away.

Das Tor bleibt verschlossen; 8.4
The gate remains locked;

die Wache, früher immer festlich ein - und 8.5
ausmarschierend, hält sich hinter vergitterten
Fenstern.
the guards, who used to march in and out festively, keep
themselves behind barred windows.

Uns Handwerkern und Geschäftsleuten ist die 8.6
Rettung des Vaterlandes anvertraut; wir sind aber
einer solchen Aufgabe nicht gewachsen; haben uns
doch auch nie gerühmt,
We craftsmen and businessmen are entrusted with saving
the fatherland,

dessen fähig zu sein. 8.7
but we are not up to such a task; we have never boasted of
being capable of it.

Ein Mißverständnis ist es; und wir gehen daran 8.8
zugrunde.«
It is a misunderstanding; and we are perishing from it."

Schakale und Araber

Jackals and Arabs

1.1 **Wir lagerten in der Oase. Die Gefährten schliefen.**
We camped in the oasis. The companions were asleep.

1.2 **Ein Araber, hoch und weiß, kam an mir vorüber;**
An Arab, tall and white, passed by me;

1.3 **er hatte die Kamele versorgt und ging zum Schlafplatz.**
he had taken care of the camels and went to the sleeping area.

2.1 **Ich warf mich rücklings ins Gras; ich wollte schlafen;**
I threw myself back on the grass; I wanted to sleep;

2.2 **ich konnte nicht; das Klagegeheul eines Schakals in der Ferne;**
I couldn't; the wailing of a jackal in the distance;

2.3 **ich saß wieder aufrecht.**
I sat upright again.

2.4 **Und was so weit gewesen war, war plötzlich nah.**
And what had been so far was suddenly close.

Ein Gewimmel von Schakalen um mich her; 2.5
A swarm of jackals around me;

in mattem Gold erglänzende, verlöschende Augen; 2.6
eyes gleaming in dull gold, extinguishing;

schlanke Leiber, wie unter einer Peitsche 2.7
gesetzmäßig und flink bewegt.
slender bodies, as if under a whip, moving lawfully and
swiftly.

Einer kam von rückwärts, drängte sich, unter 3.1
meinem Arm durch, eng an mich, als brauche er
meine Wärme, trat dann vor mich und sprach, fast
Aug in Aug mit mir:
One of them came from behind me, pushed himself
under my arm, close to me, as if he needed my warmth,
then stepped in front of me and spoke, almost eye to eye
with me:

»Ich bin der älteste Schakal, weit und breit. 4.1
"I am the oldest jackal far and wide.

Ich bin glücklich, dich noch hier begrüßen zu 4.2
können.
I am happy to be able to welcome you here.

Ich hatte schon die Hoffnung fast aufgegeben, 4.3
I had almost given up hope,

denn wir warten unendlich lange auf dich; 4.4
because we have been waiting for you for an infinitely long
time;

4.5 meine Mutter hat gewartet und ihre Mutter und weiter alle ihre Mütter bis hinauf zur Mutter aller Schakale.

my mother has been waiting and her mother and all her mothers up to the mother of all jackals.

4.6 Glaube es!«

Believe it!"

5.1 »Das wundert mich«, sagte ich und vergaß, den Holzstoß anzuzünden, der bereitlag, um mit seinem Rauch die Schakale abzuhalten,

"I'm surprised to hear that", I said, forgetting to light the woodpile that lay ready to keep the jackals away with its smoke,

5.2 »das wundert mich sehr zu hören.

"I'm very surprised to hear that.

5.3 Nur zufällig komme ich aus dem hohen Norden und bin auf einer kurzen Reise begriffen.

I just happen to come from the far north and am on a short journey.

5.4 Was wollt ihr denn, Schakale?«

What do you want, jackals?"

6.1 Und wie ermutigt durch diesen vielleicht allzu freundlichen Zuspruch zogen sie ihren Kreis enger um mich;

And as if encouraged by this perhaps overly friendly encouragement, they drew their circle tighter around me;

6.2 alle atmeten kurz und fauchend.

all of them breathed short, hissing breaths.

»Wir wissen«, begann der Älteste, »daß du vom Norden kommst,

7.1

"We know", the eldest began, "that you come from the north,

darauf eben baut sich unsere Hoffnung.

7.2

that is where our hope lies.

Dort ist der Verstand, der hier unter den Arabern nicht zu finden ist.

7.3

There is the intellect there that is not to be found here among the Arabs.

Aus diesem kalten Hochmut, weißt du, ist kein Funken Verstand zu schlagen.

7.4

From this cold arrogance, you know, there is not an ounce of sense.

Sie töten Tiere, um sie zu fressen, und Aas mißachten sie.«

7.5

They kill animals to eat them, and they disregard carrion."

»Rede nicht so laut«, sagte ich,

8.1

"Don't talk so loud", I said,

»es schlafen Araber in der Nähe.«

8.2

"there are Arabs sleeping nearby."

»Du bist wirklich ein Fremder«, sagte der Schakal,

9.1

"You really are a stranger", said the jackal,

»sonst wüßtest du, daß noch niemals in der Weltgeschichte ein Schakal einen Araber gefürchtet hat.

9.2

"otherwise you would know that never in the history of the world has a jackal feared an Arab.

9.3 Fürchten sollten wir sie?

Should we fear them?

9.4 Ist es nicht Unglück genug, daß wir unter solches Volk verstoßen sind?«

Is it not misfortune enough that we are cast out among such people?"

10.1 »Mag sein, mag sein«, sagte ich,

"Maybe, maybe", I said,

10.2 »ich maße mir kein Urteil an in Dingen, die mir so fern liegen; es scheint ein sehr alter Streit; liegt also wohl im Blut; wird also vielleicht erst mit dem Blute enden.«

"I don't presume to judge things that are so far from me; it seems to be a very old dispute, so it's probably in the blood, so maybe it will only end with blood."

11.1 »Du bist sehr klug«, sagte der alte Schakal;

"You are very clever", said the old jackal;

11.2 und alle atmeten noch schneller; mit gehetzten Lungen,

and they all breathed even faster; with rushed lungs,

11.3 trotzdem sie doch stillestanden;

even though they were standing still;

11.4 ein bitterer, zeitweilig nur mit zusammengeklemmten Zähnen erträglicher Geruch entströmte den offenen Mäulern,

a bitter smell, at times only bearable with clenched teeth, escaped from their open mouths,

»du bist sehr klug;   11.5
"you are very clever;

das, was du sagst, entspricht unserer alten Lehre.   11.6
what you say is in line with our old teaching.

Wir nehmen ihnen also ihr Blut und der Streit ist zu   11.7
Ende.«
So we'll take their blood and the quarrel is over."

»Oh!« sagte ich wilder, als ich wollte,   12.1
"Oh!" I said more wildly than I wanted to,

»sie werden sich wehren;   12.2
"they'll fight back;

sie werden mit ihren Flinten euch rudelweise   ′   12.3
niederschießen.«
they'll shoot you down in packs with their shotguns."

»Du mißverstehst uns«, sagte er,» nach Menschenart,   13.1
die sich also auch im hohen Norden nicht verliert.
"You misunderstand us", he said, "after the manner of men,
who are not lost even in the far north.

Wir werden sie doch nicht töten.   13.2
We're not going to kill them.

So viel Wasser hätte der Nil nicht, um uns rein zu   13.3
waschen.
The Nile wouldn't have enough water to wash us clean.

13.4 Wir laufen doch schon vor dem bloßen Anblick ihres lebenden Leibes weg, in reinere Luft, in die Wüste, die deshalb unsere Heimat ist.«

We run away from the mere sight of their living bodies, into cleaner air, into the desert, which is therefore our home."

14.1 Und alle Schakale ringsum, zu denen inzwischen noch viele von fern her gekommen waren, senkten die Köpfe zwischen die Vorderbeine und putzten sie mit den Pfoten;

And all the jackals around, to which many more had come from afar in the meantime, lowered their heads between their forelegs and brushed them with their paws;

14.2 es war, als wollten sie einen Widerwillen verbergen, der so schrecklich war, daß ich am liebsten mit einem hohen Sprung aus ihrem Kreis entflohen wäre.

it was as if they wanted to hide an aversion that was so terrible that I would have liked to escape from their circle with a high jump.

15.1 »Was beabsichtigt ihr also zu tun?«

"So what do you intend to do?"

15.2 fragte ich und wollte aufstehn; aber ich konnte nicht; zwei junge Tiere hatten sich mir hinten in Rock und Hemd festgebissen; ich mußte sitzenbleiben.

I asked, wanting to get up, but I couldn't; two young animals had bitten into the back of my coat and shirt and I had to remain seated.

15.3 »Sie halten deine Schleppe«, sagte der alte Schakal erklärend und ernsthaft,

"They are holding your train", said the old jackal earnestly,

»eine Ehrbezeigung.« 15.4
"a mark of honor."

»Sie sollen mich loslassen!« 15.5
"They shall let me go!"

rief ich, bald zum Alten, bald zu den Jungen 15.6
gewendet.
I cried, now turning to the old man, now to the boys.

»Sie werden es natürlich«, sagte der Alte, 15.7
"They will, of course", said the old man,

»wenn du es verlangst. Es dauert aber ein Weilchen, 15.8
"if you ask them to. But it will take a while,

denn sie haben nach der Sitte tief sich eingebissen 15.9
und müssen erst langsam die Gebisse voneinander
lösen.
because according to custom they have bitten deeply and
must first slowly separate their teeth.

Inzwischen höre unsere Bitte.« 15.10
In the meantime, listen to our request."

»Euer Verhalten hat mich dafür nicht sehr 15.11
empfänglich gemacht«,
"Your behavior has not made me very receptive",

sagte ich. 15.12
I said.

»Laß uns unser Ungeschick nicht entgelten«, sagte er 15.13
und nahm jetzt zum erstenmal den Klageton seiner
natürlichen Stimme zu Hilfe,
"Don't make us pay for our misfortune", he said, now for
the first time using the plaintive tone of his natural voice,

15.14 »wir sind arme Tiere, wir haben nur das Gebiß;

"we are poor animals, we only have our teeth;

15.15 für alles, was wir tun wollen, das Gute und das Schlechte, bleibt uns einzig das Gebiß.«

for everything we want to do, the good and the bad, we only have our teeth."

15.16 »Was willst du also?« fragte ich, nur wenig besänftigt.

"So what do you want?" I asked, only slightly mollified.

16.1 »Herr« rief er, und alle Schakale heulten auf;

"Lord", he cried, and all the jackals howled;

16.2 in fernster Ferne schien es mir eine Melodie zu sein.

in the far distance it seemed to me to be a melody.

16.3 »Herr, du sollst den Streit beenden, der die Welt entzweit.

"Lord, you shall end the strife that divides the world.

16.4 So wie du bist, haben unsere Alten den beschrieben, der es tun wird.

As you are, our ancients have described the one who will do it.

16.5 Frieden müssen wir haben von den Arabern; atembare Luft;

Peace we must have from the Arabs; breathable air;

16.6 gereinigt von ihnen den Ausblick rund am Horizont;

purified from them the view round on the horizon;

16.7 kein Klagegeschrei eines Hammels, den der Araber absticht;

no wailing of a hammer that the Arab stabs;

ruhig soll alles Getier krepieren; 16.8

quietly all animals shall croak;

ungestört soll es von uns leergetrunken und bis auf die Knochen gereinigt werden. 16.9

undisturbed they shall be drained by us and purified to the bone.

Reinheit, nichts als Reinheit wollen wir«, – 16.10

Purity, nothing but purity is what we want", –

und nun weinten, schluchzten alle – 16.11

and now everyone wept, sobbed –

»wie erträgst nur du es in dieser Welt, 16.12

"how can you bear it in this world,

du edles Herz und süßes Eingeweide? Schmutz ist ihr Weiß; 16.13

you noble heart and sweet viscera? Filth is their white;

Schmutz ist ihr Schwarz; ein Grauen ist ihr Bart; 16.14

filth is their black; a horror is their beard;

speien muß man beim Anblick ihrer Augenwinkel; 16.15

one must spit at the sight of the corners of their eyes;

und heben sie den Arm, 16.16

and if they raise their arm,

tut sich in der Achselhöhle die Hölle auf. 16.17

hell opens up in their armpit.

16.18 Darum, o Herr, darum, o teuerer Herr, mit Hilfe
deiner alles vermögenden Hände, mit Hilfe deiner
alles vermögenden Hände schneide ihnen mit dieser
Schere die Hälse durch!«

Therefore, O Lord, therefore, O dear Lord, with the help of
your all-powerful hands, with the help of your all-powerful
hands, cut their necks with these scissors!"

16.19 Und einem Ruck seines Kopfes folgend kam ein
Schakal herbei, der an einem Eckzahn eine kleine,
mit altem Rost bedeckte Nähschere trug.

And with a jerk of his head, a jackal approached, carrying a
small pair of sewing scissors covered with old rust on one
of his canines.

17.1 »Also endlich die Schere und damit Schluß!«

"So finally the scissors and that's that!"

17.2 rief der Araberführer unserer Karawane,

shouted the Arab leader of our caravan,

17.3 der sich gegen den Wind an uns herangeschlichen
hatte und nun seine riesige Peitsche schwang.

who had crept up on us against the wind and was now
brandishing his huge whip.

18.1 Alles verlief sich eiligst, aber in einiger Entfernung
blieben sie doch, eng zusammengekauert, die
vielen Tiere so eng und starr, daß es aussah wie eine
schmale Hürde, von Irrlichtern umflogen.

They all hurried away, but at a distance they remained,
huddled together, the many animals so close and rigid that
it looked like a narrow hurdle, surrounded by will-o'-the-
wisps.

»So hast du, Herr, auch dieses Schauspiel gesehen und gehört«, sagte der Araber und lachte so fröhlich, als es die Zurückhaltung seines Stammes erlaubte. 19.1
"So you, sir, have also seen and heard this spectacle", said the Arab, laughing as merrily as the restraint of his tribe would allow.

»Du weißt also, was die Tiere wollen?« fragte ich. 19.2
"So you know what the animals want?" I asked.

»Natürlich, Herr«, sagte er, »das ist doch allbekannt; 19.3
"Of course, sir", he said, "that is common knowledge;

solange es Araber gibt, 19.4
as long as there are Arabs,

wandert diese Schere durch die Wüste und wird mit uns wandern bis ans Ende der Tage. 19.5
these scissors will wander through the desert and will wander with us until the end of days.

jedem Europäer wird sie angeboten zu dem großen Werk; 19.6
Every European is offered them for the great work;

jeder Europäer ist gerade derjenige, welcher ihnen berufen scheint. 19.7
every European is just the one who seems called to them.

Eine unsinnige Hoffnung haben diese Tiere; Narren, 19.8
These animals have a nonsensical hope; they are fools,

wahre Narren sind sie. 19.9
true fools.

19.10 **Wir lieben sie deshalb; es sind unsere Hunde; schöner als die eurigen.**

That is why we love them; they are our dogs, more beautiful than yours.

19.11 **Sieh nur, ein Kamel ist in der Nacht verendet, ich habe es herschaffen lassen.«**

Look, a camel died in the night, I had it brought here."

20.1 **Vier Träger kamen und warfen den schweren Kadaver vor uns hin.**

Four porters came and threw the heavy carcass in front of us.

20.2 **Kaum lag er da, erhoben die Schakale ihre Stimmen.**

As soon as it lay there, the jackals raised their voices.

20.3 **Wie von Stricken unwiderstehlich jeder einzelne gezogen, kamen sie, stockend, mit dem Leib den Boden streifend, heran.**

As if pulled irresistibly by ropes, they approached, faltering, their bodies brushing the ground.

20.4 **Sie hatten die Araber vergessen, den Haß vergessen, die alles auslöschende Gegenwart des stark ausdunstenden Leichnams bezauberte sie.**

They had forgotten the Arabs, forgotten the hatred, the all-extinguishing presence of the strongly evaporating corpse bewitched them.

20.5 **Schon hing einer am Hals und fand mit dem ersten Biß die Schlagader.**

One was already hanging from the neck and found the artery with the first bite.

Wie eine kleine rasende Pumpe, die ebenso unbedingt wie aussichtslos einen übermächtigen Brand löschen will, zerrte und zuckte jede Muskel seines Körpers an ihrem Platz.   20.6

Like a small, raging pump, desperately and hopelessly trying to extinguish an overpowering fire, every muscle of his body tugged and twitched in place.

Und schon lagen in gleicher Arbeit alle auf dem Leichnam hoch zu Berg.   20.7

And already everyone was lying on top of the corpse, working in the same way.

Da strich der Führer kräftig mit der scharfen Peitsche kreuz und quer über sie.   21.1

Then the leader stroked them vigorously with the sharp whip in a criss-cross pattern.

Sie hoben die Köpfe; halb in Rausch und Ohnmacht;   21.2

They raised their heads; half in a frenzy and fainting;

sahen die Araber vor sich stehen;   21.3

saw the Arabs standing in front of them;

bekamen jetzt die Peitsche mit den Schnauzen zu fühlen;   21.4

now felt the whip with their snouts;

zogen sich im Sprung zurück und liefen eine Strecke rückwärts.   21.5

retreated in a leap and ran backwards a distance.

21.6 **Aber das Blut des Kamels lag schon in Lachen da, rauchte empor, der Körper war an mehreren Stellen weit aufgerissen.**

But the camel's blood was already lying there in pools, smoking upwards, the body was torn wide open in several places.

21.7 **Sie konnten nicht widerstehen; wieder waren sie da;**

They could not resist; again they were there;

21.8 **wieder hob der Führer die Peitsche; ich faßte seinen Arm.**

again the guide raised his whip; I grabbed his arm.

21.9 **»Du hast recht, Herr«, sagte er,**

"You're right, sir", he said,

21.10 **»wir lassen sie bei ihrem Beruf, auch ist es Zeit aufzubrechen.**

"we'll leave them to their job, and it's time to leave.

21.11 **Gesehen hast du sie. Wunderbare Tiere, nicht wahr?**

You've seen them. Wonderful animals, aren't they?

21.12 **Und wie sie uns hassen!«**

And how they hate us!"

Ein Besuch im Bergwerk

A Visit to the Mine

1.1 **Heute waren die obersten Ingenieure bei uns unten.**
The top engineers were down here today.

1.2 **Es ist irgendein Auftrag der Direktion ergangen, neue Stollen zu legen, und da kamen die Ingenieure, um die allerersten Ausmessungen vorzunehmen.**
The management has issued an order to lay new tunnels and the engineers came down to take the very first measurements.

1.3 **Wie jung diese Leute sind und dabei schon so verschiedenartig!**
How young these people are and already so diverse!

1.4 **Sie haben sich alle frei entwickelt,**
They have all developed freely,

1.5 **und ungebunden zeigt sich ihr klar bestimmtes Wesen schon in jungen Jahren.**
and their clearly defined nature is already evident at a young age.

Einer, schwarzhaarig, lebhaft, läßt seine Augen
überallhin laufen.
2.1

One, black-haired, lively, lets his eyes run everywhere.

Ein Zweiter mit einem Notizblock, macht im Gehen
Aufzeichnungen, sieht umher, vergleicht, notiert.
3.1

A second person with a notepad takes notes while walking,
looks around, compares, makes notes.

Ein Dritter, die Hände in den Rocktaschen, so daß
sich alles an ihm spannt, geht aufrecht;
4.1

A third man, his hands in the pockets of his coat, so that
everything about him is tense, walks upright;

wahrt die Würde;
4.2

he maintains his dignity;

nur im fortwährenden Beißen seiner Lippen zeigt
sich die ungeduldige,
4.3

only in the constant biting of his lips does his impatient,

nicht zu unterdrückende Jugend.
4.4

irrepressible youth show itself.

Ein Vierter gibt dem Dritten Erklärungen, die dieser
nicht verlangt;
5.1

A fourth man gives the third man explanations that the
latter does not ask for;

5.2 kleiner als er, wie ein Versucher neben ihm herlaufend, scheint er, den Zeigefinger immer in der Luft, eine Litanei über alles, was hier zu sehen ist, ihm vorzutragen.

smaller than him, walking beside him like a tempter, he seems to be reciting a litany about everything that can be seen here, his index finger always in the air.

6.1 Ein Fünfter, vielleicht der oberste im Rang, duldet keine Begleitung;

A fifth, perhaps the highest in rank, tolerates no company;

6.2 ist bald vorn, bald hinten;

is sometimes in front, sometimes behind;

6.3 die Gesellschaft richtet ihren Schritt nach ihm;

the company directs its steps after him;

6.4 er ist bleich und schwach;

he is pale and weak;

6.5 die Verantwortung hat seine Augen ausgehöhlt;

responsibility has hollowed out his eyes;

6.6 oft drückt er im Nachdenken die Hand an die Stirn.

he often presses his hand to his forehead in reflection.

7.1 Der Sechste und Siebente gehen ein wenig gebückt, Kopf nah an Kopf, Arm in Arm, in vertrautem Gespräch;

The sixth and seventh walk a little bent over, head close to head, arm in arm, in familiar conversation;

wäre hier nicht offenbar unser Kohlenbergwerk und 7.2
unser Arbeitsplatz im tiefsten Stollen, könnte man
glauben, diese knochigen, bartlosen, knollennasigen
Herren seien junge Geistliche.

if it weren't for our coal mine and our workplace in the
deepest tunnel, you might think these bony, beardless,
bulbous-nosed gentlemen were young clergymen.

Der eine lacht meistens mit katzenartigem 7.3
Schnurren in sich hinein;

One of them usually laughs to himself with a cat-like purr;

der andere, gleichfalls lächelnd, führt das Wort und 7.4
gibt mit der freien Hand irgendeinen Takt dazu.

the other, also smiling, speaks and gives a beat with his free
hand.

Wie sicher müssen diese zwei Herren ihrer Stellung 7.5
sein, ja welche Verdienste müssen sie sich trotz
ihrer Jugend um unser Bergwerk schon erworben
haben, daß sie hier, bei einer so wichtigen Begehung,
unter den Augen ihres Chefs, nur mit eigenen oder
wenigstens mit solchen Angelegenheiten, die nicht
mit der augenblicklichen Aufgabe zusammenhängen,
so unbeirrbar sich beschäftigen dürfen.

How sure these two gentlemen must be of their position,
indeed, what merits they must have already acquired
for our mine, despite their youth, that here, at such an
important inspection, under the eyes of their boss, they are
allowed to concern themselves so unflinchingly only with
their own affairs, or at least with such affairs that are not
connected with the task at hand.

Oder sollte es möglich sein, daß sie, trotz alles 7.6
Lachens und aller Unaufmerksamkeit, das, was nötig
ist, sehr wohl bemerken?

Or should it be possible that, despite all their laughter and
inattention, they are well aware of what is necessary?

7.7 **Man wagt über solche Herren kaum ein bestimmtes Urteil abzugeben.**

One hardly dares to pass a definite judgment on such gentlemen.

8.1 **Andererseits ist es aber doch wieder zweifellos, daß zum Beispiel der Achte unvergleichlich mehr als diese, ja mehr als alle anderen Herren bei der Sache ist.**

On the other hand, it is undoubtedly the case that the eighth man, for example, is incomparably more involved than these, indeed more than all the other gentlemen.

8.2 **Er muß alles anfassen und mit einem kleinen Hammer, den er immer wieder aus der Tasche zieht und immer wieder dort verwahrt, beklopfen.**

He has to touch everything and tap it with a small hammer, which he repeatedly pulls out of his pocket and keeps there.

8.3 **Manchmal kniet er trotz seiner eleganten Kleidung in den Schmutz nieder und beklopft den Boden, dann wieder nur im Gehen die Wände oder die Decke über seinem Kopf Einmal hat er sich lang hingelegt und lag dort still;**

Sometimes, in spite of his elegant clothes, he kneels down in the dirt and taps the floor, then again only the walls or the ceiling above his head as he walks;

8.4 **wir dachten schon, es sei ein Unglück geschehen;**

once he lay down for a long time and lay there still;

8.5 **aber dann sprang er mit einem kleinen Zusammenzucken seines schlanken Körpers auf.**

we thought some misfortune had happened, but then he jumped up with a little wince of his slender body.

Er hatte also wieder nur eine Untersuchung gemacht. 8.6
So he had just had another examination.

Wir glauben unser Bergwerk und seine Steine zu 8.7
kennen, aber was dieser Ingenieur auf diese Weise
hier immerfort untersucht, ist uns unverständlich.
We think we know our mine and its stones, but we don't
understand what this engineer is always investigating here
in this way.

Ein Neunter schiebt vor sich eine Art Kinderwagen, 9.1
A ninth man pushes a kind of baby carriage in front of him,

in welchem die Meßapparate liegen. 9.2
in which the measuring apparatus lies.

Äußerst kostbare Apparate, 9.3
Extremely precious devices,

tief in zarteste Watte eingelegt. 9.4
deeply inlaid in the most delicate absorbent cotton.

Diesen Wagen sollte ja eigentlich der Diener 9.5
schieben,
This carriage should actually be pushed by the servant,

aber es wird ihm nicht anvertraut; 9.6
but he is not entrusted with it;

ein Ingenieur mußte heran, und er tut es gern, wie 9.7
man sieht.
an engineer had to step in, and he does it with pleasure, as
you can see.

9.8 Er ist wohl der jüngste, vielleicht versteht er noch gar nicht alle Apparate, aber sein Blick ruht immerfort auf ihnen, fast kommt er dadurch manchmal in Gefahr, mit dem Wagen an eine Wand zu stoßen.

He is probably the youngest, perhaps he does not yet understand all the apparatuses, but his eyes are always on them, and sometimes he is almost in danger of hitting a wall with the cart.

10.1 Aber da ist ein anderer Ingenieur, der neben dem Wagen hergeht und es verhindert.

But there is another engineer who walks alongside the car and prevents it.

10.2 Dieser versteht offenbar die Apparate von Grund aus und scheint ihr eigentlicher Verwahrer zu sein.

He obviously understands the devices from the ground up and seems to be their actual custodian.

10.3 Von Zeit zu Zeit nimmt er, ohne den Wagen anzuhalten, einen Bestandteil der Apparate heraus, blickt hindurch, schraubt auf oder zu, schüttelt und beklopft, hält ans Ohr und horcht;

From time to time, without stopping the carriage, he takes out a part of the apparatus, looks through it, unscrews or closes it, shakes and taps it, holds it to his ear and listens;

10.4 und legt schließlich, während der Wagenführer meist stillsteht, das kleine, von der Ferne kaum sichtbare Ding mit aller Vorsicht wieder in den Wagen.

and finally, while the driver usually stands still, he carefully puts the little thing, barely visible from a distance, back into the carriage.

10.5 Ein wenig herrschsüchtig ist dieser Ingenieur,

This engineer is a little domineering,

aber doch nur im Namen der Apparate. 10.6

but only in the name of the apparatus.

Zehn Schritte vor dem Wagen sollen wir schon, auf 10.7
ein wortloses Fingerzeichen hin, zur Seite weichen,
selbst dort, wo kein Platz zum Ausweichen ist.

Ten steps in front of the wagon, we are supposed to move
aside in response to a wordless finger sign, even where
there is no room to move.

Hinter diesen zwei Herren geht der unbeschäftigte 11.1
Diener.

Behind these two masters walks the idle servant.

Die Herren haben, wie es bei ihrem großen Wissen 11.2
selbstverständlich ist, längst jeden Hochmut
abgelegt, der Diener dagegen scheint ihn in sich
aufgesammelt zu haben.

The masters, as is natural with their great knowledge, have
long since shed all arrogance, but the servant seems to have
gathered it within himself.

Die eine Hand im Rücken, mit der anderen vorn 11.3
über seine vergoldeten Knöpfe oder das feine Tuch
seines Livreerockes streichend, nickt er öfters nach
rechts und links, so als ob wir gegrüßt hätten und er
antwortete, oder so, als nehme er an, daß wir gegrüßt
hätten, könne es aber von seiner Höhe aus nicht
nachprüfen.

One hand behind his back, the other in front, stroking his
gilded buttons or the fine cloth of his livery skirt, he nods
frequently to the right and left, as if we had greeted him
and he had replied, or as if he assumed that we had greeted
him but could not verify it from his height.

11.4 Natürlich grüßen wir ihn nicht, aber doch möchte man bei seinem Anblick fast glauben, es sei etwas Ungeheures, Kanzleidiener der Bergdirektion zu sein.

Of course we don't greet him, but the sight of him almost makes you think it's something monstrous to be a clerk at the mining directorate.

11.5 Hinter ihm lachen wir allerdings, aber da auch ein Donnerschlag ihn nicht veranlassen könnte, sich umzudrehen, bleibt er doch als etwas Unverständliches in unserer Achtung.

Behind him, however, we laugh, but since even a clap of thunder could not make him turn around, he remains in our respect as something incomprehensible.

12.1 Heute wird wenig mehr gearbeitet;

Little more work is being done today;

12.2 die Unterbrechung war zu ausgiebig;

the interruption was too long;

12.3 ein solcher Besuch nimmt alle Gedanken an Arbeit mit sich fort.

a visit like this takes away all thoughts of work.

12.4 Allzu verlockend ist es, den Herren in das Dunkel des Probestollens nachzublicken, in dem sie alle verschwunden sind.

It is all too tempting to look after the men into the darkness of the test tunnel, where they have all disappeared.

12.5 Auch geht unsere Arbeitsschicht bald zu Ende;

Our work shift is also coming to an end soon;

wir werden die Rückkehr der Herren nicht mehr mit ansehen.

we won't see the men return.

Betrachtung (1913)

Observation (1913)

Kinder auf der Landstraße

Children on the Highway

1.1 **Ich hörte die Wagen an dem Gartengitter vorüberfahren,**

I could hear the carts driving past the garden gate,

1.2 **manchmal sah ich sie auch durch die schwach bewegten Lücken im Laub.**

sometimes I could see them through the faintly moving gaps in the leaves.

1.3 **Wie krachte in dem heißen Sommer das Holz in ihren Speichen und Deichseln!**

How the wood cracked in their spokes and drawbars in the hot summer!

1.4 **Arbeiter kamen von den Felder und lachten, daß es eine Schande war.**

Workers came in from the fields and laughed so hard it was a shame.

2.1 **Ich saß auf unserer kleinen Schaukel,**

I was sitting on our little swing,

ich ruhte mich gerade aus zwischen den Bäumen im
Garten meiner Eltern.

2.2

resting between the trees in my parents' garden.

Vor dem Gitter hörte es nicht auf.

3.1

It did not stop in front of the gate.

Kinder im Laufschritt waren im Augenblick vorüber;

3.2

Children were running past at a moment's notice;

Getreidewagen mit Männern und Frauen auf
den Garben und rings herum verdunkelten die
Blumenbeete;

3.3

grain carts with men and women on the sheaves and all
around the flower beds darkened;

gegen Abend sah ich einen Herrn mit einem Stock
langsam spazieren gehn und paar Mädchen, die Arm
in Arm ihm entgegenkamen, traten grüßend ins
seitliche Gras.

3.4

towards evening I saw a gentleman walking slowly with a
stick and a couple of girls coming towards him, arm in arm,
stepping into the grass at the side to greet him.

Dann flogen Vögel wie sprühend auf, ich folgte ihnen
mit den Blicken, sah, wie sie in einem Atemzug
stiegen, bis ich nicht mehr glaubte, daß sie stiegen,
sondern daß ich falle, und fest mich an den Seilen
haltend aus Schwäche ein wenig zu schaukeln anfing.

4.1

Then birds flew up as if spraying, I followed them with my
eyes, saw how they rose in one breath, until I no longer
believed that they were rising, but that I was falling, and
holding tightly to the ropes I began to sway a little out of
weakness.

4.2 **Bald schaukelte ich stärker, als die Luft schon kühler wehte und statt der fliegenden Vögel zitternde Sterne erschienen.**

Soon I was swaying harder, as the air was already blowing cooler and instead of the flying birds, trembling stars appeared.

5.1 **Bei Kerzenlicht bekam ich mein Nachtmahl.**

I had my supper by candlelight.

5.2 **Oft hatte ich beide Arme auf der Holzplatte und, schon müde, biß ich in mein Butterbrot.**

I often had both arms on the wooden board and, already tired, I bit into my sandwich.

5.3 **Die stark durchbrochenen Vorhänge bauschten sich im warmen Wind, und manchmal hielt sie einer, der draußen vorüberging, mit seinen Händen fest, wenn er mich besser sehen und mit mir reden wollte.**

The curtains, which were very open, billowed in the warm wind, and sometimes someone passing by outside would hold them with his hands if he wanted to see me better and talk to me.

5.4 **Meistens verlöschte die Kerze bald und in dem dunklen Kerzenrauch trieben sich noch eine Zeitlang die versammelten Mücken herum.**

The candle usually went out soon and the mosquitoes would hang around for a while in the dark candle smoke.

5.5 **Fragte mich einer vom Fenster aus, so sah ich ihn an, als schaue ich ins Gebirge oder in die bloße Luft, und auch ihm war an einer Antwort nicht viel gelegen.**

If someone asked me a question from the window, I looked at him as if I were looking into the mountains or into the open air, and he didn't care much for an answer either.

Sprang dann einer über die Fensterbrüstung und
meldete, die anderen seien schon vor dem Haus, so
stand ich freilich seufzend auf.

6.1

When one of them jumped over the window sill and
reported that the others were already outside the house,
I got up with a sigh.

»Nein, warum seufzst Du so? Was ist denn
geschehen?

7.1

"No, why are you sighing like that? What has happened?

Ist es ein besonderes, nie gut zu machendes Unglück?

7.2

Is it a special, irreparable misfortune?

Werden wir uns nie davon erholen können?

7.3

Will we never be able to recover from it?

Ist wirklich alles verloren?«

7.4

Is everything really lost?"

Nichts war verloren. Wir liefen vor das Haus.

8.1

Nothing was lost. We ran outside the house.

»Gott sei Dank, da seid Ihr endlich!« –

8.2

"Thank God, you're finally here!" –

»Du kommst halt immer zu spät!« – »Wieso denn
ich?« –

8.3

"You're always late!" – "Why me?" –

»Gerade Du, bleib zu Hause, wenn Du nicht
mitwillst.« –

8.4

"You of all people, stay at home if you don't want to
come." –

8.5 »Keine Gnaden!« – »Was? Keine Gnaden?
"No mercy!" – "What? No mercy?

8.6 Wie redest Du?«
What are you talking about?"

9.1 Wir durchstießen den Abend mit dem Kopf.
We pierced the evening with our heads.

9.2 Es gab keine Tages - und keine Nachtzeit.
There was no time of day and no time of night.

9.3 Bald rieben sich unsere Westenknöpfe aneinander
wie Zähne, bald liefen wir in gleichbleibender
Entfernung, Feuer im Mund, wie Tiere in den
Tropen.
Soon our vest buttons were rubbing together like teeth,
soon we were running at a constant distance, fire in our
mouths, like animals in the tropics.

9.4 Wie Kürassiere in alten Kriegen, stampfend und hoch
in der Luft, trieben wir einander die kurze Gasse
hinunter und mit diesem Anlauf in den Beinen die
Landstraße weiter hinauf.
Like cuirassiers in old wars, stamping and high in the air,
we drove each other down the short alley and with this
run-up in our legs further up the country road.

9.5 Einzelne traten in den Straßengraben, kaum
verschwanden sie vor der dunklen Böschung,
standen sie schon wie fremde Leute oben auf dem
Feldweg und schauten herab.
Some of us stepped into the ditch and as soon as they
disappeared into the dark embankment, they were already
standing at the top of the dirt road looking down like
strangers.

»Kommt doch herunter!« – »Kommt zuerst herauf!« – 10.1
"Come on down!" – "Come up first!" –

»Damit Ihr uns herunterwerfet, fällt uns nicht ein, so 10.2
gescheit sind wir noch.« –
"We won't think of throwing us down, we're still that
clever." –

»So feig seid Ihr, wollt Ihr sagen. Kommt nur, 10.3
kommt!« –
"You're so cowardly, you say. Come on, come on!" –

»Wirklich? Ihr? Gerade Ihr werdet uns 10.4
hinuterwerfen?
"Really? You? You of all people are going to throw us
down?

Wie müßtet Ihr aussehen?« 10.5
What should you look like?"

Wir machten den Angriff, wurden vor die 11.1
Brust gestoßen und legten uns in das Gras des
Straßengrabens, fallend und freiwillig.
We made the attack, were pushed in front of the chest and
lay down in the grass of the ditch, falling and voluntarily.

Alles war gleichmäßig erwärmt, wir spürten nicht 11.2
Wärme, nicht Kälte im Gras, nur müde wurde man.
Everything was evenly warmed up, we didn't feel any heat
or cold in the grass, we just got tired.

Wenn man sich auf die rechte Seite drehte, die Hand 12.1
unters Ohr gab, da wollte man gerne einschlafen.
When you turned on your right side and put your hand
under your ear, you wanted to fall asleep.

12.2 Zwar wollte man sich noch einmal aufraffen mit erhobenem Kinn,

You wanted to pull yourself up once more with your chin up,

12.3 dafür aber in einen tieferen Graben fallen.

but you wanted to fall into a deeper ditch.

12.4 Dann wollte man, den Arm quer vorgehalten, die Beine schiefgeweht, sich gegen die Luft werfen und wieder bestimmt in einen noch tieferen Graben fallen.

Then you wanted to throw yourself into the air with your arm across your chest, your legs askew and fall into an even deeper ditch.

12.5 Und damit wollte man gar nicht aufhören.

And you didn't want to stop.

13.1 Wie man sich im letzten Graben richtig zum Schlafen aufs äußerste strecken würde, besonders in den Knien, daran dachte man noch kaum und lag, zum Weinen aufgelegt, wie krank auf dem Rücken.

We hardly thought about how we would really stretch out to sleep in the last trench, especially in our knees, and lay on our backs as if sick, ready to cry.

13.2 Man zwinkerte, wenn einmal ein Junge, die Ellbogen bei den Hüften, mit dunklen Sohlen über uns von der Böschung auf die Straße sprang.

We winked when a boy with his elbows on his hips jumped over us from the embankment onto the road with dark soles.

14.1 Den Mond sah man schon in einiger Höhe,

The moon could already be seen at some height,

ein Postwagen fuhr in seinem Licht vorbei. 14.2
a mail coach drove past in its light.

Ein schwacher Wind erhob sich allgemein, auch im 14.3
Graben fühlte man ihn, und in der Nähe fing der
Wald zu rauschen an.
A faint wind was blowing in general, you could feel it in the
ditch too, and nearby the forest began to rustle.

Da lag einem nicht mehr soviel daran, allein zu sein. 14.4
It was no longer so important to be alone.

»Wo seid Ihr?« – »Kommt her!« – 15.1
"Where are you?" – "Come here!" –

»Alle zusammen!« – »Was versteckst Du Dich, 15.2
"All together!" – "Why are you hiding,

laß den Unsinn!« – 15.3
stop this nonsense!" –

»Wißt Ihr nicht, daß die Post schon vorüber ist?« – 15.4
"Don't you know that the post is already over?" –

»Aber nein! Schon vorüber?« – 15.5
"But no! Already over?" –

»Natürlich, während Du geschlafen hast, ist sie 15.6
vorübergefahren.« –
"Of course, it passed while you were asleep." –

»Ich habe geschlafen? Nein so etwas!« – »Schweig nur, 15.7
"I was asleep? No such thing!" – "Shut up,

man sieht es Dir doch an.« – »Aber ich bitte Dich.« – 15.8
it's plain to see." – "But I'm begging you." –

15.9 »Kommt!«
"Come on!"

16.1 Wir liefen enger beisammen, manche reichten
einander die Hände, den Kopf konnte man nicht
genug hoch haben, weil es abwärts ging.
We ran closer together, some of us held hands, we couldn't
keep our heads high enough because we were going
downhill.

16.2 Einer schrie einen indianischen Kriegsruf heraus,
wir bekamen in die Beine einen Galopp wie niemals,
bei den Sprüngen hob uns in den Hüften der Wind.
One of us shouted out an Indian war cry, our legs galloped
like never before, the wind lifted our hips as we jumped.

16.3 Nichts hätte uns aufhalten können;
Nothing could have stopped us;

16.4 wir waren so im Laufe, daß wir selbst beim
Überholen die Arme verschränken und ruhig uns
umsehen konnten.
we were going so fast that even when overtaking we could
fold our arms and look around calmly.

17.1 Auf der Wildbachbrücke blieben wir stehn;
We stopped on the torrent bridge;

17.2 sie weiter gelaufen waren, kehrten zurück.
they had walked on and returned.

17.3 Das Wasser unten schlug an Steine und Wurzeln, als
wäre es nicht schon spät abend.
The water below was beating against stones and roots as if it
wasn't already late in the evening.

Es gab keinen Grund dafür, warum nicht einer auf das Geländer der Brücke sprang.   17.4
There was no reason why someone shouldn't jump onto the railing of the bridge.

Hinter Gebüschen in der Ferne fuhr ein Eisenbahnzug heraus, alle Coupées waren beleuchtet, die Glasfenster sicher herabgelassen.   18.1
A train pulled out from behind bushes in the distance, all the coupes were illuminated, the glass windows safely lowered.

Einer von uns begann einen Gassenhauer zu singen,   18.2
One of us began to sing a popular song,

aber wir alle wollten singen.   18.3
but we all wanted to sing.

Wir sangen viel rascher als der Zug fuhr, wir schaukelten die Arme, weil die Stimme nicht genügte, wir kamen mit unseren Stimmen in ein Gedränge, in dem uns wohl war.   18.4
We sang much faster than the train was moving, we swayed our arms because our voices weren't enough, we got into a crowd with our voices in which we felt comfortable.

Wenn man seine Stimme unter andere mischt,   18.5
When you mix your voice with others,

ist man wie mit einem Angelhaken gefangen.   18.6
you are like being caught on a fishhook.

So sangen wir, den Wald im Rücken, den fernen reisenden in die Ohren.   19.1
So, with the forest behind us, we sang in the ears of the distant travelers.

19.2 **Die Erwachsenen wachten noch im Dorfe,**
The adults were still awake in the village,

19.3 **die Mütter richteten die Betten für die Nacht.**
the mothers were preparing the beds for the night.

20.1 **Es war schon Zeit.**
It was already time.

20.2 **Ich küßte den, der bei mir stand, reichte den
drei Nächsten nur so die Hände, begann den Weg
zurückzulaufen, keiner rief mich.**
I kissed the person standing next to me, shook hands with
the next three and started to walk back, no one called me.

20.3 **Bei der ersten Kreuzung, wo sie mich nicht mehr
sehen konnten, bog ich ein und lief auf Feldwegen
wieder in den Wald.**
At the first crossroads, where they could no longer see me, I
turned and ran back into the forest along country lanes.

20.4 **Ich strebte zu der Stadt im Süden hin,**
I was heading for the town to the south,

20.5 **von der es in unserem Dorfe hieß:**
the one our village said it was:

21.1 **»Dort sind Leute! Denkt Euch, die schlafen nicht!«**
"There are people there! Think, they're not sleeping!"

22.1 **»Und warum denn nicht?«**
"And why not?"

»Weil sie nicht müde werden.« 23.1
"Because they don't get tired."

»Und warum denn nicht?« 24.1
"And why not?"

»Weil sie Narren sind.« 25.1
"Because they are fools."

»Werden denn Narren nicht müde?« 26.1
"Don't fools get tired?"

»Wie könnten Narren müde werden!« 27.1
"How could fools get tired!"

Entlarvung eines Bauernfängers

Exposing a Pawn Catcher

1.1 Endlich gegen 10 Uhr abends kam ich mit einem mir von früher her nur flüchtig bekannten Mann, der sich mir diesmal unversehens wieder angeschlossen und mich zwei Stunden lang in den Gassen herumgezogen hatte, vor dem herrschaftlichen Hause an, in das ich zu einer Gesellschaft geladen war.

Finally, at about 10 o'clock in the evening, I arrived at the manor house where I had been invited to a party with a man I had only known in passing in the past, who had rejoined me unexpectedly this time and spent two hours dragging me around the alleys.

2.1 »So!«

"So!"

2.2 sagte ich und klatschte in die Hände zum Zeichen der unbedingten Notwendigkeit des Abschieds.

I said, clapping my hands to signal the absolute necessity of saying goodbye.

Weniger bestimmte Versuche hatte ich schon einige gemacht. 2.3

I had already made a few less determined attempts.

Ich war schon ganz müde. 2.4

I was already quite tired.

»Gehen Sie gleich hinauf?« fragte er. 3.1

"Are you going up in a minute?" he asked.

In seinem Munde hörte ich ein Geräusch wie vom Aneinanderschlagen der Zähne. 3.2

I heard a sound in his mouth like the clashing of teeth.

»Ja«. 4.1

"Yes".

Ich war doch eingeladen, ich hatte es ihm gleich gesagt. 5.1

I was invited, I had told him straight away.

Aber ich war eingeladen, hinaufzukommen, wo ich schon so gerne gewesen wäre, und nicht hier unten vor dem Tor zu stehn und an den Ohren meines Gegenübers vorüberzuschauen. 5.2

But I was invited to come up here, where I would have loved to be, and not to stand down here in front of the gate and look past the ears of my counterpart.

Und jetzt noch mit ihm stumm zu werden, 5.3

And now to be silent with him,

als seien wir zu einem langen Aufenthalt auf diesem Fleck entschlossen. 5.4

as if we were determined to stay on this spot for a long time.

5.5 Dabei nahmen an diesem Schweigen gleich die Häuser rings herum ihren Anteil,

The houses all around took their part in this silence,

5.6 und das Dunkel über ihnen bis zu den Sternen.

and the darkness above them as far as the stars.

5.7 Und die Schritte unsichtbarer Spaziergänger, deren Wege zu erraten man nicht Lust hatte, der Wind, der immer wieder an die gegenüberliegende Straßenseite sich drückte, ein Grammophon, das gegen die geschlossenen Fenster irgendeines Zimmers sang, –

And the footsteps of invisible walkers, whose paths we didn't feel like guessing, the wind that kept pressing against the opposite side of the street, a gramophone singing against the closed windows of some room –

5.8 sie ließen aus diesem Schweigen sich hören, als sei es ihr Eigentum seit jeher und für immer.

they let themselves be heard from this silence as if it had always and forever been their property.

6.1 Und mein Begleiter fügte sich in seinem und –

And my companion complied on his behalf and –

6.2 nach einem Lächeln –

after a smile –

6.3 auch in meinem Namen, streckte die Mauer entlang den rechten Arm aufwärts und lehnte sein Gesicht, die Augen schließend, an ihn.

on my behalf too, stretched his right arm upwards along the wall and leaned his face against it, closing his eyes.

7.1 Doch dieses Lächeln sah ich nicht mehr ganz zu Ende,

But I didn't quite see the end of this smile,

denn Scham drehte mich plötzlich herum.   7.2
because shame suddenly turned me around.

Erst an diesem Lächeln also hatte ich erkannt, daß   7.3
das ein Bauernfänger war, nichts weiter.
It was this smile that had made me realize that this was a
pawn catcher, nothing more.

Und ich war doch schon Monate lang in dieser Stadt,   7.4
hatte geglaubt, diese Bauernfänger durch und durch
zu kennen, wie sie bei Nacht aus Seitenstraßen,
die Hände vorgestreckt, wie Gastwirte uns
entgegentreten, wie sie sich um die Anschlagsäule,
bei der wir stehen, herumdrücken, wie zum
Versteckenspielen und hinter der Säulenrundung
hervor zumindest mit einem Auge spionieren, wie sie
in Straßenkreuzungen, wenn wir ängstlich werden,
auf einmal vor uns schweben auf der Kante unseres
Trottoirs!
And I'd been in this town for months, I'd thought I knew
these peasant catchers through and through, how they
came out of side streets at night, hands outstretched, like
innkeepers approaching us, how they ducked around the
pillar we were standing by, as if playing hide-and-seek,
spying at least with one eye from behind the rounded pillar,
how they suddenly hovered in front of us on the edge of our
sidewalk at crossroads when we got scared!

Ich verstand sie doch so gut, sie waren ja meine   7.5
ersten städtischen Bekannten in den kleinen
Wirtshäusern gewesen, und ich verdankte ihnen
den ersten Anblick einer Unnachgiebigkeit, die ich
mir jetzt so wenig von der Erde wegdenken konnte,
daß ich sie schon in mir zu fühlen begann.
I understood them so well, they had been my first urban
acquaintances in the small inns, and I owed them the first
sight of an intransigence that I could now so little imagine
away from the earth that I began to feel it within me.

7.6 **Wie standen sie einem noch gegenüber, selbst wenn man ihnen schon längst entlaufen war, wenn es also längst nichts mehr zu fangen gab!**

How they still faced you, even when you had long since escaped from them, when there was nothing left to catch!

7.7 **Wie setzten sie sich nicht, wie fielen sie nicht hin, sondern sahen einen mit Blicken an, die noch immer, wenn auch nur aus der Ferne, überzeugten!**

How they didn't sit down, how they didn't fall down, but looked at you with looks that were still convincing, even if only from a distance!

7.8 **Und ihre Mittel waren stets die gleichen:**

And their means were always the same:

7.9 **Sie stellten sich vor uns hin, so breit sie konnten;**

they stood in front of us, as wide as they could;

7.10 **suchten uns abzuhalten von dort, wohin wir strebten;**

tried to keep us away from where we were striving to go;

7.11 **bereiteten uns zum Ersatz eine Wohnung in ihrer eigenen Brust, und bäumte sich endlich das gesammelte Gefühl in uns auf, nahmen sie es als Umarmung, in die sie sich warfen, das Gesicht voran.**

prepared a home for us in their own bosom as a substitute, and when the collected feeling in us finally reared up, they took it as an embrace into which they threw themselves, face first.

8.1 **Und diese alten Späße hatte ich diesmal erst nach so langem Beisammensein erkannt.**

And this time I had only recognized these old jokes after being together for so long.

Ich zerrieb mir die Fingerspitzen an einander, um die **8.2**
Schande ungeschehen zu machen.

I rubbed my fingertips together to undo the shame.

Mein Mann aber lehnte hier noch wie früher, hielt **9.1**
sich noch immer für einen Bauernfänger, und die
Zufriedenheit mit seinem Schicksal rötete ihm die
freie Wange.

But my husband was still leaning here as before, still
thought he was a peasant, and satisfaction with his fate
reddened his cheek.

»Erkannt!« sagte ich und klopfte ihm noch leicht auf **10.1**
die Schulter.

"I recognize you", I said and patted him lightly on the
shoulder.

Dann eilte ich die Treppe hinauf und die so **10.2**
grundlos treuen Gesichter der Dienerschaft oben
im Vorzimmer freuten mich wie eine schöne
Überraschung.

Then I hurried up the stairs and the gratuitously loyal faces
of the servants upstairs in the anteroom gave me a pleasant
surprise.

Ich sah sie alle der Reihe nach an, während man mir **10.3**
den Mantel abnahm und die Stiefel abstaubte.

I looked at them all in turn while they took off my coat and
dusted off my boots.

Aufatmend und langgestreckt betrat ich dann den **10.4**
Saal.

Breathing a sigh of relief and stretching, I entered the hall.

Der plötzliche Spaziergang

The Sudden Walk

1.1 Wenn man sich am Abend endgültig entschlossen
zu haben scheint, zu Hause zu bleiben, den
Hausrock angezogen hat, nach dem Nachtmahl
beim beleuchteten Tische sitzt und jene Arbeit
oder jenes Spiel vorgenommen hat, nach dessen
Beendigung man gewohnheitsgemäß schlafen geht,
wenn draußen ein unfreundliches Wetter ist, welches
das Zuhausebleiben selbstverständlich macht, wenn
man auch jetzt schon so lange bei Tisch stillgehalten
hat;

When you finally decide in the evening to stay at home,
put on your dressing gown, sitting at the illuminated table
after supper and having started that work or that game
after which you usually go to bed when the weather outside
is unfriendly, which makes staying at home a matter of
course, if you have been sitting at the table for so long;

daß das Weggehen allgemeines Erstaunen   1.2
hervorrufen müßte, wenn nun auch schon das
Treppenhaus dunkel und das Haustor gesperrt
ist, und wenn man nun trotz alledem in einem
plötzlichen Unbehagen aufsteht, den Rock wechselt,
sofort straßenmäßig angezogen erscheint, weggehen
zu müssen erklärt, es nach kurzem Abschied auch
tut, je nach der Schnelligkeit, mit der man die
Wohnungstür zuschlägt, mehr oder weniger Ärger
zu hinterlassen glaubt, wenn man sich auf der
Gasse wiederfindet, mit Gliedern, die diese schon
unerwartete Freiheit, die man ihnen verschafft
hat, mit besonderer Beweglichkeit beantworten,
wenn man durch diesen einen Entschluß alle
Entschlußfähigkeit in sich gesammelt fühlt, wenn
man mit größerer als der gewöhnlichen Bedeutung
erkennt, daß man ja mehr Kraft als Bedürfnis hat,
die schnellste Veränderung leicht zu bewirken und
zu ertragen, und wenn man so die langen Gassen
langläuft, –

that leaving would cause general astonishment, when the
stairwell is dark and the front door is locked, and if, despite
all this, you suddenly get up, change your coat, appear
dressed for the street, declares that he has to leave, does
so after a brief farewell, depending on how quickly you
slam the door behind you, leaving behind more or less
anger, when you find yourself in the street again, with
limbs which respond to this unexpected freedom that you
have given them with particular agility, when you feel
that you have gathered all your powers of decision in this
one decision, when you realize, with greater than usual
significance, that you have more strength than need to
bring about and endure the most rapid change with ease,
and when you walk along the long streets, –

1.3 dann ist man für diesen Abend gänzlich aus seiner
Familie ausgetreten, die ins Wesenlose abschwenkt,
während man selbst, ganz fest, schwarz vor
Umrissenheit, hinten die Schenkel schlagend, sich zu
seiner wahren Gestalt erhebt.

then you have completely left your family for the evening,
which is veering off into the void, while you yourself, quite
firmly, black with outline, beating your thighs behind you,
rise to your true form.

2.1 Verstärkt wird alles noch, wenn man zu dieser späten
Abendzeit einen Freund aufsucht, um nachzusehen,
wie es ihm geht.

Everything is exacerbated when you visit a friend late at
night to see how they are doing.

Entschlüsse

Resolutions

1.1 **Aus einem elenden Zustand sich zu erheben,**
Rising from a miserable state must be easy,

1.2 **muß selbst mit gewollter Energie leicht sein.**
even with willful energy.

1.3 **Ich reiße mich vom Sessel los, umlaufe den Tisch, mache Kopf und Hals beweglich, bringe Feuer in die Augen, spanne die Muskeln um sie herum.**
I tear myself away from the armchair, walk around the table, make my head and neck move, bring fire into my eyes, tense the muscles around them.

1.4 **Arbeite jedem Gefühl entgegen, begrüße A. stürmisch, wenn er jetzt kommen wird, dulde B. freundlich in meinem Zimmer, ziehe bei C. alles, was gesagt wird, trotz Schmerz und Mühe mit langen Zügen in mich hinein.**
Work towards every feeling, greet A. stormily when he comes, tolerate B. kindly in my room, absorb everything that is said with C. with long puffs despite pain and effort.

Aber selbst wenn es so geht, wird mit jedem Fehler, der nicht ausbleiben kann, das Ganze, das Leichte und das Schwere, stocken, und ich werde mich im Kreise zurückdrehen müssen.

2.1

But even if it goes like this, with every mistake that cannot be avoided, the whole, the light and the heavy, will falter and I will have to turn back in circles.

Deshalb bleibt doch der beste Rat, alles hinzunehmen, als schwere Masse sich verhalten und fühle man sich selbst fortgeblasen, keinen unnötigen Schritt sich ablocken lassen, den anderen mit Tierblick anschaun, keine Reue fühlen, kurz, das, was vom Leben als Gespenst noch übrig ist, mit eigener Hand niederdrücken, d. h., die letzte grabmäßige Ruhe noch vermehren und nichts außer ihr mehr bestehen zu lassen.

3.1

Therefore, the best advice remains to accept everything, to behave as a heavy mass and feel oneself blown away, not to allow oneself to be distracted by any unnecessary step, to look at the other with an animal gaze, to feel no remorse, in short, to push down with one's own hand what is left of life as a ghost, i.e. to increase the last grave-like rest and let nothing else exist apart from it.

Eine charakteristische Bewegung eines solchen Zustandes ist das Hinfahren des kleinen Fingers über die Augenbrauen.

4.1

A characteristic movement of such a condition is running the little finger over the eyebrows.

Der Ausflug ins Gebirge

The Trip to the Mountains

1.1 »Ich weiß nicht«, rief ich ohne Klang »ich weiß ja nicht.
"I don't know", I shouted without sound, "I don't know.

1.2 Wenn niemand kommt, dann kommt eben niemand.
If no one comes, then no one comes.

1.3 Ich habe niemandem etwas Böses getan, niemand hat mir etwas Böses getan, niemand aber will mir helfen.
I haven't done anything bad to anyone, no one has done anything bad to me, but no one wants to help me.

1.4 Lauter niemand. Aber so ist es doch nicht.
Nobody at all. But it's not like that.

1.5 Nur daß mir niemand hilft - –, sonst wäre lauter niemand hübsch.
Only that nobody helps me - - - otherwise nobody would be pretty.

1.6 Ich würde ganz gern – - - warum denn nicht – - - einen Ausflug mit einer Gesellschaft von Niemand machen.
I would love to - - - why not - - - go on an excursion with a company of nobodies.

Natürlich ins Gebirge, wohin denn sonst? 1.7
In the mountains, of course, where else?

Wie sich diese Niemand aneinander drängen, diese 1.8
vielen quer gestreckten und eingehängten Arme,
diese vielen Füße, durch winzige Schritte getrennt!
How these nobodies crowd together, these many arms
stretched out and hooked together, these many feet
separated by tiny steps!

Versteht sich, daß alle in Frack sind. 1.9
It goes without saying that everyone is in tails.

Wir gehen so lala, der Wind fährt durch die Lücken, 1.10
die wir und unsere Gliedmaßen offen lassen.
We walk so-so, the wind passes through the gaps that we
and our limbs leave open.

Die Hälse werden im Gebirge frei! 1.11
Our necks become free in the mountains!

Es ist ein Wunder, daß wir nicht singen.« 1.12
It's a wonder we don't sing."

Das Unglück des Junggesellen

The Misfortune of the Bachelor

1.1 Es scheint so arg, Jungeselle zu bleiben, als alter Mann unter schwerer Wahrung der Würde um Aufnahme zu bitten, wenn man einen Abend mit Menschen verbringen will, krank zu sein und aus dem Winkel seines Bettes wochenlang das leere Zimmer anzusehn, immer vor dem Haustor Abschied zu nehmen, niemals neben seiner Frau sich die Treppe hinaufzudrängen, in seinem Zimmer nur Seitentüren zu haben, die in fremde Wohnungen führen, sein Nachtmal in einer Hand nach Hause zu tragen, fremde Kinder anstaunen zu müssen und nicht immerfort wiederholen zu dürfen:

It seems so bad to remain a bachelor, to ask for admission as an old man, with great difficulty preserving one's dignity, when one wants to spend an evening with people, to be ill and look at the empty room from the corner of one's bed for weeks on end, to always say goodbye at the front door, never to crowd up the stairs next to one's wife, to have only side doors in one's room that lead into other people's apartments, to carry one's bedside manner home in one hand, to have to marvel at other people's children and not be allowed to repeat it all the time:

115

»Ich habe keine«,

1.2

"I have none",

sich im Aussehn und Benehmen nach ein oder zwei
Junggesellen der Jugenderinnerungen auszubilden.

1.3

to train himself in appearance and behavior after one or
two bachelors of youthful memories.

So wird es sein, nur daß man auch in Wirklichkeit
heute und später selbst dastehen wird, mit einem
Körper und einem wirklichen Kopf, also auch einer
Stirn, um mit der Hand an sie zu schlagen.

2.1

That is how it will be, except that you will also stand there
in reality today and later, with a body and a real head, thus
also a forehead, in order to strike it with your hand.

Der Kaufmann

The Merchant

1.1 **Es ist möglich, daß einige Leute Mitleid mit mir haben, aber ich spüren nichts davon.**
It is possible that some people feel sorry for me, but I feel none of it.

1.2 **Mein kleines Geschäft erfüllt mich mit Sorgen, die mich innen an Stirne und Schläfen schmerzen, aber ohn mir Zufriedenheit in Aussicht zu stellen, denn mein Geschäft ist klein.**
My small business fills me with worries that hurt my forehead and temples inside, but without giving me the prospect of satisfaction, because my business is small.

Für Stunden im voraus muß ich Bestimmungen
treffen, das Gedächtnis des Hausdieners wachhalten,
vor befürchteten Fehlern warnen und in einer
Jahreszeit die Moden der folgenden berechnen,
nicht wie sie unter Leuten meines Kreises herrschen
werden, sondern bei unzugänglichen Bevölkerungen
auf dem Lande.

2.1

For hours in advance I must make arrangements, keep the
house servant's memory alive, warn of feared mistakes,
and calculate in one season the fashions of the following,
not as they will prevail among people of my circle, but
among inaccessible populations in the country.

Mein Geld haben fremde Leute;

3.1

Strangers have my money;

ihre Verhältnisse können mir nicht deutlich sein;

3.2

their circumstances cannot be clear to me;

das Unglück, das sie treffen könnte, ahne ich nicht;

3.3

I have no idea of the misfortune that might befall them;

wie könnte ich es abwehren!

3.4

how could I ward it off!

Vielleicht sind sie verschwenderisch geworden und
geben ein Fest in einem Wirtshausgarten und andere
halten sich für ein Weilchen auf der Flucht nach
Amerika bei diesem Feste auf.

3.5

Perhaps they have become extravagant and are giving a
party in an inn garden and others are staying at this party
for a while on their flight to America.

4.1 Wenn nun am Abend eines Werketages das Geschäft gesperrt wird und ich plötzlich Stunden vor mir sehe, in denen ich für die ununterbrochenen Bedürfnisse meines Geschäftes nichts werde arbeiten können, dann wirft sich meine am Morgen weit vorausgeschickte Aufregung in mich, wie eine zurückkehrende Flut, hält es aber in mir nicht aus und ohne Ziel reißt sie mich mit.

If, on the evening of a working day, the store is closed and I suddenly see hours ahead of me in which I will not be able to work for the uninterrupted needs of my business, then the excitement I sent far ahead in the morning throws itself into me like a returning tide, but it cannot hold out in me and without a goal it sweeps me away.

5.1 Und doch kann ich diese Laune gar nicht benützen und kann nur nach Hause gehn, denn ich habe Gesicht und Hände schmutzig und verschwitzt, das Kleid fleckig und staubig, die Geschäftsmütze auf dem Kopfe und von Kistennägeln zerkratzte Stiefel.

And yet I can't use this mood at all and can only go home, because my face and hands are dirty and sweaty, my dress is stained and dusty, my business cap is on my head and my boots are scratched by crate nails.

5.2 Ich gehe dann wie auf Wellen,

I then walk as if on waves,

5.3 klappere mit den Fingern beider Hände und mir entgegenkommenden Kindern fahre ich über das Haar.

flapping the fingers of both hands and running my fingers over the hair of children coming towards me.

6.1 Aber der Weg ist zu kurz. Gleich bin ich in meinem Hause,

But the walk is too short. I'll be in my house in a moment,

öffne die Lifttür und trete ein.   6.2

open the elevator door and step inside.

Ich sehe, daß ich jetzt und plötzlich allein bin.   7.1

I see that I am now and suddenly alone.

Andere, die über Treppen steigen müssen, ermüden   7.2
dabei ein wenig, müssen mit eilig atmenden Lungen
warten, bis man die Tür der Wohnung öffnen
kommt, haben dabei einen Grund für Ärger und
Ungeduld, kommen jetzt ins Vorzimmer, wo sie
den Hut aufhängen, und erst bis sie durch den Gang
an einigen Glastüren vorbei in ihr eigenes Zimmer
kommen, sind sie allein.

Others, who have to climb stairs, get a little tired, have
to wait with hurriedly breathing lungs until the door of
the apartment is opened, have a reason for annoyance
and impatience, now come into the anteroom, where they
hang up their hats, and only until they come through the
corridor past some glass doors into their own room are they
alone.

Ich aber bin gleich allein im Lift, und schaue, auf die   8.1
Knie gestützt, in den schmalen Spiegel.

But I am soon alone in the elevator and, leaning on my
knees, I look into the narrow mirror.

Als der Lift sich zu heben anfängt, sage ich: 8.2

As the elevator begins to rise, I say:

»Seid still, tretet zurück, wollt Ihr in den Schatten   9.1
der Bäume, hinter die Draperien der Fenster, in das
Laubengewölbe?«

"Be quiet, step back, do you want to go into the shade of
the trees, behind the draperies of the windows, into the
arbor?"

10.1 Ich rede mit den Zähnen und die Treppengeländer gleiten an den Milchglasscheiben hinunter wie stürzendes Wasser.

I talk with my teeth and the banisters slide down the frosted glass panes like falling water.

11.1 »Flieget weg;

"Fly away;

11.2 Euere Flügel, die ich niemals gesehen habe, mögen Euch ins dörfliche Tal tragen oder nach Paris, wenn es Euch dorthin treibt.

your wings, which I have never seen, may carry you to the village valley or to Paris, if that is where you want to go.

12.1 Doch genießet die Aussicht des Fensters, wenn die Prozessionen aus allen drei Straßen kommen, einander nicht ausweichen, durcheinander gehn und zwischen ihren letzten Reihen den freien Platz wieder entstehen lassen.

But enjoy the view from the window, when the processions come from all three streets, do not avoid each other, go through each other and let the free space between their last rows arise again.

12.2 Winket mit den Tüchern, seid entsetzt, seid gerührt, lobet die schöne Dame, die vorüberfährt.

Wave your handkerchiefs, be horrified, be moved, praise the beautiful lady who passes by.

13.1 Geht über den Bach auf der hölzernen Brücke,

Walk across the stream on the wooden bridge,

nickt den badenden Kindern zu und staunet über
das Hurra der tausend Matrosen auf dem fernen
Panzerschiff.

13.2

nod at the children bathing and marvel at the hurrah of the
thousand sailors on the distant armored ship.

Verfolget nur den unscheinbaren Mann und wenn Ihr
ihn in einen Torweg gestoßen habt, beraubt ihn und
seht ihm dann, jeder die Hände in den Taschen, nach,
wie er traurig seines Weges in die linke Gasse geht.

14.1

Just follow the inconspicuous man and when you have
pushed him into a doorway, rob him and then watch him,
each with his hands in his pockets, as he sadly goes his way
into the alley on the left.

Die verstreut auf ihren Pferden galoppierende Polizei
bändigt die Tiere und drängt Euch zurück.

15.1

The scattered police galloping on their horses tame the
animals and push you back.

Lasset sie, die leeren Gassen werden sie unglücklich
machen, ich weiß es.

15.2

Let them go, the empty streets will make them unhappy, I
know it.

Schon reiten sie, ich bitte, paarweise weg, langsam
um die Straßenecken, fliegend über die Plätze.«

15.3

They are already riding away in pairs, please, slowly around
the street corners, flying across the squares."

Dann muß ich aussteigen, den Aufzug
hinunterlassen, an der Türglocke läuten, und das
Mädchen öffnet die Tür, während ich grüße.

16.1

Then I have to get out, lower the elevator, ring the doorbell,
and the girl opens the door while I greet her.

Zerstreutes Hinausschaun

Distracted Looking

1.1 **Was werden wir in diesen Frühlingstagen tun, die jetzt rasch kommen?**

What will we do in these spring days that are fast approaching?

1.2 **Heute früh war der Himmel grau, geht man aber jetzt zum Fenster, so ist man überrascht und lehnt die Wange an die Klinke des Fensters.**

The sky was gray this morning, but if you go to the window now, you are surprised and lean your cheek against the window handle.

2.1 **Unten sieht man das Licht der freilich schon sinkenden Sonne auf dem Gesicht des kindlichen Mädchens, das so geht und sich umschaut, und zugleich sieht man den Schatten des Mannes darauf, der hinter ihm rascher kommt.**

Below you can see the light of the sun, which is admittedly already setting, on the face of the childlike girl walking and looking around, and at the same time you can see the shadow of the man coming faster behind her.

Dann ist der Mann schon vorübergegangen und das Gesicht des Kindes ist ganz hell. 3.1

Then the man has already passed and the child's face is very bright.

Der Nachhauseweg

The Way Home

1.1 **Man sehe die Überzeugungskraft der Luft nach dem Gewitter!**

See the persuasiveness of the air after the storm!

1.2 **Meine Verdienste erscheinen mir und überwältigen mich,**

My merits appear to me and overwhelm me,

1.3 **wenn ich mich auch nicht sträube.**

even if I do not resist.

2.1 **Ich marschiere und mein Tempo ist das Tempo dieser Gassenseite, dieser Gasse, dieses Viertels.**

I march and my pace is the pace of this side of the street, this alley, this neighborhood.

Ich bin mit Recht verantwortlich für alle Schläge 2.2
gegen Türen, auf die Platten der Tische, für alle
Trinksprüche, für die Liebespaare in ihren Betten, in
den Gerüsten der Neubauten, in dunklen Gassen an
die Häusermauern gepreßt, auf den Ottomanen der
Bordelle.

I am rightly responsible for all the knocks against doors,
on the tops of tables, for all the toasts, for the lovers in
their beds, in the scaffolding of new buildings, pressed up
against the walls of houses in dark alleys, on the ottomans
of brothels.

Ich schätze meine Vergangenheit gegen meine 3.1
Zukunft, finde aber beide vortrefflich, kann
keiner von beiden den Vorzug geben und nur
die Ungerechtigkeit der Vorsehung, die mich so
begünstigt, muß ich tadeln.

I value my past against my future, but I find both excellent,
can give preference to neither, and only the injustice of
Providence, which so favors me, must I blame.

Nur als ich in mein Zimmer trete, bin ich ein 4.1
wenig nachdenklich, aber ohne daß ich während
des Treppensteigens etwas Nachdenkenswertes
gefunden hätte.

Only when I step into my room am I a little thoughtful,
but without having found anything worth thinking about
while climbing the stairs.

Es hilft mir nicht viel, daß ich das Fenster gänzlich 4.2
öffne und daß in einem Garten die Musik noch spielt.

It doesn't help me much that I open the window all the way
and that music is still playing in the garden.

Die Vorüberlaufenden

The Passers-By

1.1 Wenn man in der Nacht durch eine Gasse spazieren geht, und ein Mann, von weitem schon sichtbar –

If you are walking through an alley at night and a man, already visible from afar –

1.2 denn die Gasse vor uns steigt an und es ist Vollmond –

because the alley in front of us is rising and it is a full moon –

1.3 uns entgegenläuft, so werden wir ihn nicht anpacken, selbst wenn er schwach und zerlumpt ist, selbst wenn jemand hinter ihm läuft und schreit, sondern wir werden ihn weiter laufen lassen.

runs towards us, we will not tackle him, even if he is weak and ragged, even if someone is walking behind him and shouting, but we will let him continue walking.

2.1 Denn es ist Nacht,

For it is night,

und wir können nicht dafür,   2.2

and it is not our fault that the alley rises before us in the full moon,

daß die Gasse im Vollmond vor uns aufsteigt, und überdies,   2.3

and, moreover,

vielleicht haben die zwei die Hetze zu ihrer Unterhaltung veranstaltet,   2.4

perhaps the two have organized the chase for their amusement,

vielleicht verfolgen beide einen dritten,   2.5

perhaps both are pursuing a third,

vielleicht wird der erste unschuldig verfolgt,   2.6

perhaps the first is being innocently pursued,

vielleicht will der zweite morden,   2.7

perhaps the second wants to murder,

und wir würden Mitschuldige des Mordes,   2.8

and we would be accomplices to the murder,

vielleicht wissen die zwei nichts von einander,   2.9

perhaps the two know nothing of each other,

und es läuft nur jeder auf eigene Verantwortung in sein Bett,   2.10

and it is only each on his own responsibility that he runs to his bed,

vielleicht sind es Nachtwandler,   2.11

perhaps they are night-walkers,

2.12 **vielleicht hat der erste Waffen.**
perhaps the first has weapons.

3.1 **Und endlich, dürfen wir nicht müde sein, haben wir nicht soviel Wein getrunken?**
And finally, mustn't we be tired, haven't we drunk so much wine?

3.2 **Wir sind froh, daß wir auch den zweiten nicht mehr sehn.**
We are glad that we won't see the second one either.

Der Fahrgast

The Passenger

1.1 Ich stehe auf der Plattform des elektrischen Wagens und bin vollständig unsicher in Rücksicht meiner Stellung in dieser Welt, in dieser Stadt, in meiner Familie.

I stand on the platform of the electric car and am completely unsure of my position in this world, in this city, in my family.

1.2 Auch nicht beiläufig könnte ich angeben, welche Ansprüche ich in irgendeiner Richtung mit Recht vorbringen könnte.

Nor could I casually state what claims I could rightly make in any direction.

1.3 Ich kann es gar nicht verteidigen, daß ich auf dieser Plattform stehe, mich an dieser Schlinge halte, von diesem Wagen mich tragen lasse, daß Leute dem Wagen ausweichen oder still gehn oder vor den Schaufenstern ruhn.

I cannot defend the fact that I am standing on this platform, holding on to this noose, letting myself be carried by this cart, that people are avoiding the cart or walking quietly or resting in front of the shop windows.

– Niemand verlangt es ja von mir, aber das ist
gleichgültig.

1.4

– Nobody demands it of me, but it doesn't matter.

Der Wagen nähert sich einer Haltestelle, ein
Mädchen stellt sich nahe den Stufen, zum Aussteigen
bereit.

2.1

The car approaches a stop, a girl stands near the steps,
ready to get out.

Sie erscheint mir so deutlich, als ob ich sie betastet
hätte.

2.2

She appears to me as clearly as if I had touched her.

Sie ist schwarz gekleidet, die Rockfalten bewegen
sich fast nicht, die Bluse ist knapp und hat einen
Kragen aus weißer kleinmaschiger Spitze, die linke
Hand hält sie flach an die Wand, der Schirm in ihrer
Rechten steht auf der zweitobersten Stufe.

2.3

She is dressed in black, the folds of her skirt hardly move,
her blouse is tight and has a collar of white small-mesh lace,
she holds her left hand flat against the wall, the umbrella in
her right hand is on the second highest step.

Ihr Gesicht ist braun, die Nase, an den Seiten
schwach gepreßt, schließt rund und breit ab.

2.4

Her face is brown, her nose, slightly pressed at the sides, is
round and broad.

Sie hat viel braunes Haar und verwehte Härchen an
der rechten Schläfe.

2.5

She has a lot of brown hair and blown hairs on her right
temple.

2.6 Ihr kleines Ohr liegt eng an, doch sehe ich, da
ich nahe stehe, den ganzen Rücken der rechten
Ohrmuschel und den Schatten an der Wurzel.

Her small ear is close, but as I am standing close I can see
the whole back of the right ear and the shadow at the root.

3.1 Ich fragte mich damals:

I asked myself at the time:

3.2 Wieso kommt es, daß sie nicht über sich verwundert
ist, daß sie den Mund geschlossen hält und nichts
dergleichen sagt?

Why is it that she is not surprised at herself, that she keeps
her mouth shut and says nothing of the sort?

Kleider

Clothes

1.1 Oft wenn ich Kleider mit vielfachen Falten, Rüschen und Behängen sehe, die über schönen Körper schön sich legen, dann denke ich, daß sie nicht lange so erhalten bleiben, sondern Falten bekommen, nicht mehr gerade zu glätten, Staub bekommen, der, dick in der Verzierung, nicht mehr zu entfernen ist, und daß niemand so traurig und lächerlich sich wird machen wollen, täglich das gleiche kostbare Kleid früh anzulegen und abends auszuziehn.

Often when I see dresses with multiple folds, ruffles and hangings, which lie beautifully over beautiful bodies, I think that they will not remain so for long, but will become wrinkled, can no longer be smoothed straight, will become dusty, which, thick in decoration, can no longer be removed, and that no one will want to make themselves so sad and ridiculous as to put on the same precious dress every day in the morning and take it off in the evening.

Doch sehe ich Mädchen, die wohl schön sind und 2.1
vielfache reizende Muskeln und Knöchelchen und
gespannte Haut und Massen dünner Haare zeigen,
und doch tagtäglich in diesem einen natürlichen
Maskenanzug erscheinen, immer das gleiche Gesicht
in die gleichen Handflächen legen und von ihrem
Spiegel widerscheinen lassen.

Yet I see girls who are beautiful and show multiple lovely
muscles and knuckles and taut skin and masses of thin
hair, and yet appear every day in this one natural mask
suit, always putting the same face in the same palms and
reflecting from their mirror.

Nur manchmal am Abend, wenn sie spät von einem 3.1
Feste kommen, scheint es ihnen im Spiegel abgenützt,
gedunsen, verstaubt, von allen schon gesehn und
kaum mehr tragbar.

Only sometimes in the evening, when they come home late
from a party, they look in the mirror and their clothes seem
worn out, worn out, dusty, already seen by everyone and
hardly wearable.

Die Abweisung

The Rejection

1.1 Wenn ich einem schönen Mädchen begegne und sie bitte:

When I meet a beautiful girl and ask her:

1.2 »Sei so gut, komm mit mir« und sie stumm vorübergeht, so meint sie damit:

"Be so good, come with me" and she walks by silently, she means that:

2.1 »Du bist kein Herzog mit fliegendem Namen, kein breiter Amerikaner mit indianischem Wuchs, mit wagrecht ruhenden Augen, mit einer von der Luft der Rasenplätze und der sie durchströmenden Flüsse massierten Haut, Du hast keine Reisen gemacht zu den großen Seen und auf ihnen, die ich weiß nicht wo zu finden sind.

"You are not a duke with a flying name, you are not a broad American of Indian stature, with eyes resting boldly, with skin massaged by the air of the lawns and the rivers that flow through them, you have not traveled to the great lakes and on them I know not where to find.

Also ich bitte, warum soll ich, ein schönes Mädchen, mit Dir gehn?«

2.2

So please, why should I, a beautiful girl, go with you?"

»Du vergißt, Dich trägt kein Automobil in langen Stößen schaukelnd durch die Gasse;

3.1

"You forget, no automobile carries you through the alley, rocking in long jolts;

ich sehe nicht die in ihre Kleider gepreßten Herren Deines Gefolges, die Segenssprüche für Dich murmelnd in genauem Halbkreis hinter Dir gehn;

3.2

I do not see the gentlemen of your entourage pressed into their clothes, murmuring blessings for you, walking in a precise semicircle behind you;

Deine Brüste sind im Mieder gut geordnet,

3.3

Your breasts are well arranged in the bodice,

aber Deine Schenkel und Hüften entschädigen sich für jene Enthaltsamkeit;

3.4

but your thighs and hips make up for that abstinence;

Du trägst ein Taffetkleid mit plissierten Falten, wie es im vorigen Herbste uns durchaus allen Freude machte, und doch lächelst Du –

3.5

you wear a taffeta dress with pleated folds, as it gave us all pleasure in the previous autumn, and yet you smile –

diese Lebensgefahr auf dem Leibe – bisweilen.«

3.6

this danger to your life on your body – from time to time."

4.1 »Ja, wir haben beide recht und, um uns dessen nicht
unwiderleglich bewußt zu werden, wollen wir, nicht
wahr, lieber jeder allein nach Hause gehn.«

"Yes, we're both right and, so that we don't become
irrefutably aware of it, we'd rather each go home alone,
wouldn't we."

Zum Nachdenken für Herrenreiter

Food for Thought for Gentlemen Riders

1.1 **Nichts, wenn man es überlegt, kann dazu verlocken, in einem Wettrennen der erste sein zu wollen.**
Nothing, when you think about it, can tempt you to want to be first in a race.

2.1 **Der Ruhm, als der beste Reiter eines Landes anerkannt zu werden, freut beim Losgehn des Orchesters zu stark, als daß sich am Morgen danach die Reue verhindern ließe.**
The glory of being recognized as the best rider in a country is too great a joy when the orchestra sets off to prevent regrets the morning after.

Der Neid der Gegner, listiger, ziemlich einflußreicher 3.1
Leute, muß uns in dem engen Spalier schmerzen, das
wir nun durchreiten nach jener Ebene, die bald vor
uns leer war bis auf einige überrundete Reiter, die
klein gegen den Rand des Horizonts anritten.

The envy of our opponents, cunning, rather influential
people, must hurt us in the narrow trellis that we now ride
through to that plain, which was soon empty before us
except for a few over-rounded riders riding small against
the edge of the horizon.

Viele unserer Freunde eilen den Gewinn zu beheben 4.1
und nur über die Schultern weg schreien sie von den
entlegenen Schaltern ihr Hurra zu uns;

Many of our friends rush to claim the winnings and just
over their shoulders they shout their hurrahs to us from
the remote counters;

die besten Freunde aber haben gar nicht auf unser 4.2
Pferd gesetzt, da sie fürchteten, käme es zum
Verluste, müßten sie uns böse sein, nun aber, da
unser Pferd das erste war und sie nichts gewonnen
haben, drehn sie sich um, wenn wir vorüberkommen
und schauen lieber die Tribünen entlang.

the best friends, however, did not bet on our horse at all,
fearing that if we lost they would be angry with us, but now
that our horse was the first and they have won nothing,
they turn around when we pass and prefer to look along the
stands.

Die Konkurrenten rückwärts, fest im Sattel, suchen 5.1
das Unglück zu überblicken, das sie getroffen hat,
und das Unrecht, das ihnen irgendwie zugefügt wird;

The competitors backwards, firmly in the saddle, seek
to survey the misfortune that has befallen them and the
injustice that is somehow done to them;

5.2 sie nehmen ein frisches Aussehen an,

they take on a fresh look,

5.3 als müsse ein neues Rennen anfangen und ein ernsthaftes nach diesem Kinderspiel.

as if a new race must begin and a serious one after this child's game.

6.1 Vielen Damen scheint der Sieger lächerlich, weil er sich aufbläht und doch nicht weiß, was anzufangen mit dem ewigen Händeschütteln, Salutieren, Sich-Niederbeugen und In-die-Ferne-Grüßen, während die Besiegten den Mund geschlossen haben und die Hälse ihrer meist wiehernden Pferde leichthin klopfen.

To many ladies, the victor seems ridiculous because he puffs himself up and yet doesn't know what to do with the eternal handshakes, salutes, bowing down and greetings at a distance, while the vanquished have their mouths closed and the necks of their mostly neighing horses are lightly tapped.

7.1 Endlich fängt es gar aus dem trüb gewordenen Himmel zu regnen an.

Finally, it even starts to rain from the cloudy sky.

Das Gassenfenster

The Alley Window

1.1 Wer verlassen lebt und sich doch hie und da irgendwo anschließen möchte, wer mit Rücksicht auf die Veränderungen der Tageszeit, der Witterung, der Berufsverhältnisse und dergleichen ohne weiteres irgend einen beliebigen Arm sehen will, an dem er sich halten könnte, –

He who lives deserted and yet would like to join in somewhere now and then, who, in view of the changes of the time of day, the weather, professional circumstances and the like, wants to see any arm he can hold on to without further ado, –

1.2 der wird es ohne ein Gassenfenster nicht lange treiben.

he will not last long without a street window.

Und steht es mit ihm so, daß er gar nichts sucht und 1.3 nur als müder Mann, die Augen auf und ab zwischen Publikum und Himmel, an seine Fensterbrüstung tritt, und er will nicht und hat ein wenig den Kopf zurückgeneigt, so reißen ihn doch unten die Pferde mit in ihr Gefolge von Wagen und Lärm und damit endlich der menschlichen Eintracht zu.

And if it so happens that he seeks nothing at all, and only steps to his window-sill as a tired man, his eyes darting up and down between the public and the sky, and he does not want to, and has his head a little bent back, the horses below will drag him into their retinue of carriages and noise, and so at last towards human harmony.

Wunsch, Indianer zu werden

Desire to become an Indian

1.1 Wenn man doch ein Indianer wäre, gleich bereit, und auf dem rennenden Pferde, schief in der Luft, immer wieder kurz erzitterte über dem zitternden Boden, bis man die Sporen ließ, denn es gab keine Sporen, bis man die Zügel wegwarf, denn es gab keine Zügel, und kaum das Land vor sich als glatt gemähte Heide sah, schon ohne Pferdehals und Pferdekopf.

If only one were an Indian, ready at once, and on the running horse, crooked in the air, trembling again and again briefly over the trembling ground, until one left the spurs, for there were no spurs, until one threw away the reins, for there were no reins, and hardly saw the land before him as smoothly mown heath, already without horse's neck and horse's head.

Die Bäume

The Trees

1.1 **Denn wir sind wie Baumstämme im Schnee.**
Because we are like tree trunks in the snow.

1.2 **Scheinbar liegen sie glatt auf, und mit kleinem Anstoß sollte man sie wegschieben können.**
They seem to lie smoothly on the ground and you should be able to push them away with a little push.

1.3 **Nein, das kann man nicht, denn sie sind fest mit dem Boden verbunden.**
No, you can't, because they are firmly attached to the ground.

1.4 **Aber sieh, sogar das ist nur scheinbar.**
But you see, even that is only apparent.

Unglücklichsein

Unhappiness

1.1 **Als es schon unerträglich geworden war –**
When it had already become unbearable –

1.2 **einmla gegen Abend im November –**
once towards evening in November –

und ich über den schmalen Teppich meines Zimmers ¹·³
wie in einer Rennbahn einherlief, durch den Anblick
der erleuchteten Gasse erschreckt, wieder wendete,
und in der Tiefe des Zimmers, im Grund des Spiegels
doch wieder ein neues Ziel bekam, und aufschrie,
um nur den Schrei zu hören, dem nichts antwortet
und dem auch nichts die Kraft des Schreiens nimmt,
der also aufsteigt, ohne Gegengewicht, und nicht
aufhören kann, selbst wenn er verstummt, da öffnete
sich aus der Wand heraus die Tür, so eilig, weil doch
Eile nötig war und selbst die Wagenpferde unten
auf dem Pflaster wie wildgewordene Pferde in der
Schlacht, die Gurgeln preisgegeben, sich erhoben.

and I was running across the narrow carpet of my room
as if on a racecourse, frightened by the sight of the
illuminated alley, I turned around again, and in the
depths of the room, at the bottom of the mirror, I found
a new target and cried out, only to hear the scream, which
nothing answers and nothing takes away the power of the
cry, which rises without counterweight and cannot stop
even when it falls silent, the door opened out of the wall, so
hastily, because haste was necessary and even the chariot
horses down on the pavement rose up like wild horses in
battle, their gurgles exposed.

Als kleines Gespenst fuhr ein Kind aus dem ganz ²·¹
dunklen Korridor, in dem die Lampe noch nicht
brannte, und blieb auf den Fußspitzen stehn, auf
einem unmerklich schaukelnden Fußbodenbalken.

A small ghost of a child came out of the dark corridor,
where the lamp was not yet lit, and stood on tiptoe on an
imperceptibly swaying floor beam.

2.2 **Von der Dämmerung des Zimmers gleich geblendet, wollte es mit seinem Gesicht rasch in seine Hände, beruhigte sich aber unversehens mit dem Blick zum Fenster, vor dessen Kreuz der hochgetriebene Dunst der Straßenbeleuchtung endlich unter dem Dunkel liegen blieb.**

Blinded by the twilight of the room, it wanted to put its face quickly into its hands, but suddenly calmed itself by looking at the window, in front of the cross of which the drifting haze of the street lights finally lay beneath the darkness.

2.3 **Mit dem rechten Ellbogen hielt es sich vor der offenen Tür aufrecht an der Zimmerwand und ließ den Luftzug von draußen um die Gelenke der Füße streichen, auch den Hals, auch die Schläfen entlang.**

With his right elbow, he held himself upright against the wall of the room in front of the open door and let the breeze from outside caress the joints of his feet, his neck and his temples.

3.1 **Ich sah ein wenig hin, dann sagte ich »Guten Tag«**

I looked for a while, then said "Hello"

3.2 **und nahm meinen Rock vom Ofenschirm, weil ich nicht so halb nackt dastehen wollte.**

and took my skirt off the stove screen because I didn't want to look half naked.

3.3 **Ein Weilchen lang hielt ich den Mund offen, damit mich die Aufregung durch den Mund verlasse.**

I kept my mouth open for a while so that the excitement would leave me through my mouth.

Ich hatte schlechten Speichel in mir, im Gesicht zitterten mir die Augenwimpern, kurz, es fehlte mir nichts, als gerade dieser allerdings erwartete Besuch. 3.4

I was salivating badly, my eyelashes were trembling on my face, in short, I was missing nothing but this expected visitor.

Das Kind stand noch an der Wand auf dem gleichen Platz, es hatte die rechte hand an die Mauer gepreßt und konnte, ganz rotwangig, dessen nicht satt werden, daß die weißgetünchte Wand grobkörnig war und die Fingerspitzen rieb. 4.1

The child was still standing against the wall in the same place, he had his right hand pressed against the wall and, all red-cheeked, couldn't get enough of the fact that the whitewashed wall was gritty and rubbed his fingertips.

Ich sagte: » Wollen Sie tatsächlich zu mir? Ist es kein Irrtum? 4.2

I said: "Do you really want to see me? Is it not a mistake?

Nichts leichter als ein Irrtum in diesem großen Hause. 4.3

Nothing could be easier than a mistake in this big house.

Ich heiße Soundso, wohne im dritten Stock. 4.4

My name is so-and-so, I live on the third floor.

Bin ich also der, den Sie besuchen wollen?« 4.5

So am I the one you want to visit?"

»Ruhe, Ruhe!« sagte das Kind über die Schulter weg, 5.1

"Quiet, quiet!" said the child over his shoulder,

»alles ist schon richtig.« 5.2

"everything is fine."

6.1 »Dann kommen Sie weiter ins Zimmer herein,
"Then come further into the room,

6.2 ich möchte die Tür schließen.«
I want to close the door."

7.1 »Die Tür habe ich jetzt gerade geschlossen.
"I've just closed the door.

7.2 Machen Sie sich keine Mühe. Beruhigen Sie sich überhaupt.«
Don't bother. Calm down at all."

8.1 »Reden Sie nicht von Mühe.
"Don't talk of trouble.

8.2 Aber auf diesem Gange wohnt eine Menge Leute, alle sind natürlich meine Bekannten;
But a lot of people live on this corridor, all of them are my acquaintances, of course;

8.3 die meisten kommen jetzt aus den Geschäften;
most of them are coming from the stores now;

8.4 wenn sie in einem Zimmer reden hören, glauben sie einfach das Recht zu haben, aufzumachen und nachzuschaun, was los ist.
if they hear talking in a room, they just think they have the right to open up and see what's going on.

8.5 Es ist einmal schon so.
That's the way it is.

8.6 Diese Leute haben die tägliche Arbeit hinter sich;
These people have their daily work behind them;

wem würden sie sich in der provisorischen
Abendfreiheit unterwerfen!

8.7

who would they submit to in the provisional freedom of the
evening!

Übrigens wissen Sie es ja auch.

8.8

By the way, you know it too.

Lassen Sie mich die Türe schließen.«

8.9

Let me close the door."

»Ja was ist denn? Was haben Sie?

9.1

"Yes, what is it? What have you got?

Meinetwegen kann das ganze Haus hereinkommen.

9.2

The whole house can come in for all I care.

Und dann noch einmal:

9.3

And then again:

Ich habe die Türe schon geschlossen, glauben Sie
denn, nur Sie können die Türe schließen?

9.4

I've already closed the door, do you think only you can
close the door?

Ich habe sogar mit dem Schlüssel zugesperrt.«

9.5

I've even locked it with the key."

»Dann ist gut. Mehr will ich ja nicht.

10.1

"Then that's fine. That's all I want.

Mit dem Schlüssel hätten Sie gar nicht zusperren
müssen.

10.2

You wouldn't have had to lock up with the key.

10.3 Und jetzt machen Sie es sich nur behaglich, wenn Sie schon einmal da sind.

And now just make yourself comfortable while you're here.

10.4 Sie sind mein Gast. Vertrauen Sie mir völlig.

You are my guest. Trust me completely.

10.5 Machen Sie sich nur breit ohne Angst.

Just make yourself at home without fear.

10.6 Ich werde Sie weder zum Hierbleiben zwingen, noch zum Weggehn.

I won't force you to stay here, nor will I force you to leave.

10.7 Muß ich das erst sagen? Kennen Sie mich so schlecht?«

Do I have to say that first? Do you know me that well?"

11.1 »Nein. Sie hätten das wirklich nicht sagen müssen. Noch mehr,

"No. You really didn't have to say that. Even more,

11.2 Sie hätten es gar nicht sagen sollen. Ich bin ein Kind;

you shouldn't have said it at all. I'm a child;

11.3 warum soviel Umstände mit mir machen?«

why put me through so much trouble?"

12.1 »So schlimm ist es nicht. Natürlich, ein Kind.

"It's not that bad. Of course, a child.

12.2 Aber gar so klein sind Sie nicht.

But you're not that small.

Sie sind schon ganz erwachsen. Wenn Sie ein Mädchen wären, 12.3

You're all grown up. If you were a girl,

dürften Sie sich nicht so einfach mit mir in einem Zimmer einsperren.« 12.4

you wouldn't be allowed to lock yourself in a room with me so easily."

»Darüber müssen wir uns keine Sorgen machen. 13.1

"We don't have to worry about that.

Ich wollte nur sagen: 13.2

I just wanted to say:

Daß ich Sie so gut kenne, schützt mich wenig, es enthebt Sie nur der Anstrengung, mir etwas vorzulügen. 13.3

the fact that I know you so well doesn't protect me much, it just relieves you of the effort of lying to me.

Trotzdem aber machen Sie mir Komplimente. 13.4

But you still compliment me.

Lassen Sie das, ich fordere Sie auf, lassen Sie das. 13.5

Don't do that, I urge you not to.

Dazu kommt, daß ich Sie nicht überall und immerfort kenne, gar bei dieser Finsternis. 13.6

Besides, I don't know you everywhere and all the time, even in this darkness.

Es wäre viel besser, wenn Sie Licht machen ließen. Nein, 13.7

It would be much better if you let the light shine. No,

13.8 **lieber nicht.**

I'd rather not.

13.9 **Immerhin werde ich mir merken, daß Sie mir schon gedroht haben.«**

At least I'll remember that you've already threatened me."

14.1 **»Wie? Ich hätte Ihnen gedroht? Aber ich bitte Sie.**

"How? I would have threatened you? But please.

14.2 **Ich bin ja so froh, daß Sie endlich hier sind.**

I'm so glad you're finally here.

14.3 **Ich sage ›endlich‹, weil es schon so spät ist.**

I say 'finally' because it's so late.

14.4 **Es ist mir unbegreiflich, warum Sie so spät gekommen sind.**

I can't understand why you've come so late.

14.5 **Da ist es möglich, daß ich in der Freude so durcheinander gesprochen habe und daß Sie es gerade so verstanden haben.**

It's possible that I spoke so confusedly in my joy and that you just understood it that way.

14.6 **Daß ich so gesprochen habe, gebe ich zehnmal zu, ja ich habe Ihnen mit Allem gedroht, was Sie wollen.**

I admit ten times over that I spoke like that; indeed, I have threatened you with everything you want.

14.7 **– Nur keinen Streit, um Himmelswillen!**

– Only no quarrel, for heaven's sake!

14.8 **– Aber wie konnten Sie es glauben?**

– But how could you believe it?

Wie konnten Sie mich so kränken? 14.9
How could you offend me like that?

Warum wollen Sie mir mit aller Gewalt dieses kleine 14.10
Weilchen Ihres Hierseins verderben?
Why do you want to spoil this little while of your being
here by force?

Ein fremder Mensch wäre entgegenkommender als 14.11
Sie.«
A stranger would be more accommodating than you."

»Das glaube ich; das war keine Weisheit. 15.1
"I believe that; that was not wisdom.

So nah, als Ihnen ein fremder Mensch 15.2
entgegenkommen kann, bin ich Ihnen schon von
Natur aus.
I am already as close to you by nature as a stranger can get
to you.

Das wissen Sie auch, wozu also die Wehmut? 15.3
You know that too, so why the melancholy?

Sagen Sie, daß Sie Komödie spielen wollen, und ich 15.4
gehe augenblicklich.«
Tell me you want to play comedy, and I'll go at once."

»So? Auch das wagen Sie mir zu sagen? 16.1
"So? You dare tell me that too?

Sie sind ein wenig zu kühn. 16.2
You're a little too bold.

Am Ende sind Sie doch in meinem Zimmer. 16.3
In the end, you are in my room.

16.4 **Sie reiben Ihre Finger wie verrückt an meiner Wand.**
You're rubbing your fingers like crazy on my wall.

16.5 **Mein Zimmer, meine Wand!**
My room, my wall!

16.6 **Und außerdem ist das, was Sie sagen, lächerlich, nicht nur frech.**
What's more, what you're saying is ridiculous, not just cheeky.

16.7 **Sie sagen, Ihre Natur zwinge Sie, mit mir in dieser Weise zu reden.**
You say your nature compels you to talk to me like that.

16.8 **Wirklich? Ihre Natur zwingt Sie? Das ist nett von Ihrer Natur.**
Really? Your nature is forcing you? That's nice of your nature.

16.9 **Ihre Natur ist meine, und wenn ich mich von Natur aus freundlich zu Ihnen verhalte, so dürfen auch Sie nicht anders.«**
Your nature is mine, and if I am naturally kind to you, you must not be otherwise."

17.1 **»Ist das freundlich?«**
"Is that friendly?"

18.1 **»Ich rede von früher.«**
"I'm talking about before."

19.1 **»Wissen Sie, wie ich später sein werde?«**
"Do you know what I'll be like later?"

»Nichts weiß ich.«   20.1
"Nothing I know."

Und ich ging zum Nachttisch hin,   21.1
And I went to the bedside table,

auf dem ich die Kerze anzündete.   21.2
where I lit the candle.

Ich hatte in jener Zeit weder Gas noch elektrisches   21.3
Licht in meinem Zimmer.
I had neither gas nor electric light in my room at the time.

Ich saß dann noch eine Weile beim Tisch, bis ich   21.4
auch dessen müde wurde, den Überzieher anzog, den
Hut vom Kanapee nahm und die Kerze ausblies.
I sat at the table for a while until I got tired of that too, put
on my overcoat, took my hat off the canapé and blew out
the candle.

Beim Hinausgehen verfing ich mich in ein Sesselbein.   21.5
On my way out, I got caught in the leg of an armchair.

Auf der Treppe traf ich einen Mieter aus dem   22.1
gleichen Stockwerk.
I met a tenant from the same floor on the stairs.

»Sie gehen schon wieder weg, Sie Lump?« fragte er,   23.1
"You're going away again, you rascal?" he asked,

auf seinen über zwei Stufen ausgebreiteten Beinen   23.2
ausruhend.
resting on his legs stretched out over two steps.

»Was soll ich machen?« sagte ich,   24.1
"What should I do?" I said,

24.2 »jetzt habe ich ein Gespenst im Zimmer gehabt.«
"now I've had a ghost in my room."

25.1 »Sie sagen das mit der gleichen Unzufriedenheit, wie
wenn Sie ein Haar in der Suppe gefunden hätten.«
"You say that with the same dissatisfaction as if you had
found a fly in the ointment."

26.1 »Sie spaßen. Aber merken Sie sich,
"You're joking. But remember,

26.2 ein Gespenst ist ein Gespenst.«
a ghost is a ghost."

27.1 »Sehr wahr.
"Very true.

27.2 Aber wie, wenn man überhaupt nicht an Gespenster
glaubt?«
But what if you don't believe in ghosts at all?"

28.1 »Ja meinen Sie denn, ich glaube an Gespenster?
"Do you think I believe in ghosts?

28.2 Was hilft mir aber dieses Nichtglauben?«
But what good does this non-belief do me?"

29.1 »Sehr einfach.
"Very simple.

29.2 Sie müssen eben keine Angst mehr haben, wenn ein
Gespenst wirklich zu Ihnen kommt.«
You no longer have to be afraid if a ghost really does come
to you."

»Ja, aber das ist doch die nebensächliche Angst.   30.1

"Yes, but that's the secondary fear.

Die eigentliche Angst ist die Angst vor der Ursache   30.2
der Erscheinung.

The real fear is the fear of the cause of the phenomenon.

Und diese Angst bleibt.   30.3

And this fear remains.

Die habe ich geradezu großartig in mir.«   30.4

I have a great deal of it inside me."

Ich fing vor Nervosität an, alle meine Taschen zu   30.5
durchsuchen.

I started going through all my pockets in nervousness.

»Da Sie aber vor der Erscheinung selbst keine Angst   31.1
hatten,

"But since you weren't afraid of the apparition itself,

hätten Sie sie doch ruhig nach ihrer Ursache fragen   31.2
können!«

you could have asked her about its cause!"

»Sie haben offenbar noch nie mit Gespenstern   32.1
gesprochen.

"You've obviously never spoken to ghosts before.

Aus denen kann man ja niemals eine klare Auskunft   32.2
bekommen.

You can never get clear information from them.

Das ist ein Hinundher.   32.3

It's a back and forth.

32.4 **Diese Gespenster scheinen über ihre Existenz mehr im Zweifel zu sein, als wir, was übrigens bei ihrer Hinfälligkeit kein Wunder ist.«**

These ghosts seem to be more in doubt about their existence than we are, which is no wonder given their frailty."

33.1 **»Ich habe aber gehört, daß man sie auffüttern kann.«**

"But I've heard that you can feed them."

34.1 **»Da sind Sie gut berichtet. Das kann man.**

"That's a good report. You can do that.

34.2 **Aber wer wird das machen?«**

But who's going to do it?"

35.1 **»Warum nicht?**

"Why not?

35.2 **Wenn es ein weibliches Gespenst ist z. B.« sagte er und schwang sich auf die obere Stufe.**

If it's a female ghost, for example", he said and swung himself onto the top step.

36.1 **»Ach so«, sagte ich, »aber selbst dann steht es nicht dafür.«**

"I see", I said, "but even then it doesn't stand for that."

37.1 **Ich besann mich.**

I came to my senses.

37.2 **Mein Bekannter war schon so hoch, daß er sich, um mich zu sehen, unter einer Wölbung des Treppenhauses vorbeugen mußte.**

My friend was already so high up that he had to bend down under an arch in the stairwell to see me.

»Aber trotzdem«, rief ich, 37.3
"But still", I shouted,

»wenn Sie mir dort oben mein Gespenst wegnehmen, 37.4
dann ist es zwischen uns aus, für immer.«
"if you take my ghost away from me up there, then it's over
between us, forever."

»Aber das war ja nur Spaß«, sagte er und zog den Kopf 38.1
zurück.
"But I was only joking", he said and pulled his head back.

»Dann ist es gut«, 39.1
"That's good then",

sagte ich und hätte jetzt eigentlich ruhig spazieren 39.2
gehen können.
I said and could have gone for a walk.

Aber weil ich mich gar so verlassen fühlte, 39.3
But because I felt so deserted,

ging ich lieber hinauf und legte mich schlafen. 39.4
I preferred to go upstairs and go to sleep.

Eine kaiserliche Botschaft

An Imperial Message

1.1 Der Kaiser – so heißt es – hat dir, dem Einzelnen,
dem jämmerlichen Untertanen, dem winzig vor der
kaiserlichen Sonne in die fernste Ferne geflüchteten
Schatten, gerade dir hat der Kaiser von seinem
Sterbebett aus eine Botschaft gesendet.

It is said that the emperor sent a message from his deathbed
to you, the individual, the miserable subject, the tiny
shadow that had fled from the imperial sun into the
farthest distance.

1.2 Den Boten hat er beim Bett niederknien lassen und
ihm die Botschaft ins Ohr geflüstert;

He had the messenger kneel down by the bed and
whispered the message in his ear;

1.3 so sehr war ihm an ihr gelegen, daß er sich sie noch
ins Ohr wiedersagen ließ.

he cared so much that he had it repeated in his ear.

1.4 Durch Kopfnicken hat er die Richtigkeit des Gesagten
bestätigt.

Nodding his head, he confirmed that what he had said was
true.

Und vor der ganzen Zuschauerschaft seines Todes – 1.5
And in front of the entire audience of his death –

alle hindernden Wände werden niedergebrochen 1.6
und auf den weit und hoch sich schwingenden
Freitreppen stehen im Ring die Großen des Reichs –
all the obstructing walls were broken down and the great
men of the empire stood in the ring on the wide and high
sweeping steps –

vor allen diesen hat er den Boten abgefertigt. 1.7
he dispatched the messenger in front of them all.

Der Bote hat sich gleich auf den Weg gemacht; ein 1.8
kräftiger,
The messenger has immediately set off; a strong,

ein unermüdlicher Mann; einmal diesen, 1.9
tireless man; stretching out one arm and then the other,

einmal den andern Arm vorstreckend schafft er sich 1.10
Bahn durch die Menge;
he makes his way through the crowd;

findet er Widerstand, zeigt er auf die Brust, wo das 1.11
Zeichen der Sonne ist;
if he finds resistance, he points to his chest, where the
sign of the sun is;

er kommt auch leicht vorwärts, wie kein anderer. 1.12
he also moves forward more easily than anyone else.

Aber die Menge ist so groß; ihre Wohnstätten 1.13
nehmen kein Ende.
But the crowd is so great; there is no end to their dwellings.

1.14 Öffnete sich freies Feld, wie würde er fliegen und bald wohl hörtest du das herrliche Schlagen seiner Fäuste an deiner Tür.

If a free field were opened, how he would fly, and soon you would hear the glorious beating of his fists at your door.

1.15 Aber statt dessen, wie nutzlos müht er sich ab;

But instead, how uselessly he labors;

1.16 immer noch zwängt er sich durch die Gemächer des innersten Palastes;

he still forces his way through the chambers of the innermost palace;

1.17 niemals wird er sie überwinden; und gelänge ihm dies,

he will never overcome them; and if he succeeded,

1.18 nichts wäre gewonnen;

nothing would be gained;

1.19 die Treppen hinab müßte er sich kämpfen;

he would have to fight his way down the stairs;

1.20 und gelänge ihm dies, nichts wäre gewonnen;

and if he succeeded, nothing would be gained;

1.21 die Höfe wären zu durchmessen;

the courtyards would have to be traversed;

1.22 und nach den Höfen der zweite umschließende Palast;

and after the courtyards the second enclosing palace;

1.23 und wieder Treppen und Höfe; und wieder ein Palast;

and again stairs and courtyards; and again a palace;

und so weiter durch Jahrtausende; 1.24

and so on through millennia;

und stürzte er endlich aus dem äußersten Tor – 1.25
aber niemals, niemals kann es geschehen - , liegt
erst die Residenzstadt vor ihm, die Mitte der Welt,
hochgeschüttet voll ihres Bodensatzes.

and if he finally fell out of the outermost gate - but never,
never can it happen - only the residential city lies before
him, the center of the world, piled high with its dregs.

Niemand dringt hier durch und gar mit der Botschaft 1.26
eines Toten.

No one gets through here, not even with the message of a
dead man.

– Du aber sitzt an deinem Fenster und erträumst sie 1.27
dir, wenn der Abend kommt.

– But you sit at your window and dream it up when evening
comes.

Ein Brudermord

A Fratricide

1.1 **Es ist erwiesen, daß der Mord auf folgende Weise erfolgte:**
It has been proven that the murder took place in the following way:

2.1 **Schmar, der Mörder, stellte sich gegen neun Uhr abends in der mondklaren Nacht an jener Straßenecke auf, wo Wese, das Opfer, aus der Gasse, in welcher sein Büro lag, in jene Gasse einbiegen mußte, in der er wohnte.**
Schmar, the murderer, positioned himself at around nine o'clock in the moonlit evening on the corner of the street where Wese, the victim, had to turn out of the alley where his office was located into the alley where he lived.

3.1 **Kalte, jeden durchschauernde Nachtluft.**
Cold night air that shivered through everyone.

3.2 **Aber Schmar hatte nur ein dünnes blaues Kleid angezogen;**
But Schmar had only put on a thin blue dress;

das Röckchen war überdies aufgeknöpft. Er fühlte keine Kälte;

3.3

the skirt was unbuttoned. He felt no cold;

auch war er immerfort in Bewegung.

3.4

he was also constantly on the move.

Seine Mordwaffe, halb Bajonett, halb Küchenmesser, hielt er ganz bloßgelegt immer fest im Griff.

3.5

His murder weapon, half bayonet, half kitchen knife, was always firmly in his grasp, completely exposed.

Betrachtete das Messer gegen das Mondlicht;

3.6

He looked at the knife against the moonlight;

die Schneide blitzte auf, nicht genug für Schmar;

3.7

the edge flashed, not enough for Schmar;

er hieb mit ihr gegen die Backsteine des Pflasters, daß es Funken gab;

3.8

he struck with it against the bricks of the pavement so that there were sparks;

bereute es vielleicht;

3.9

perhaps he regretted it;

und um den Schaden gutzumachen, strich er mit ihr violinbogenartig über seine Stiefelsohle, während er, auf einem Bein stehend, vorgebeugt, gleichzeitig dem Klang des Messers an seinem Stiefel, gleichzeitig in die schicksalsvolle Seitengasse lauschte.

3.10

and to make up for the damage, he stroked his boot sole with it like a violin bow, while, standing on one leg, bent forward, he listened at the same time to the sound of the knife on his boot, at the same time into the fateful side alley.

4.1 Warum duldete das alles der Private Pallas, der in der Nähe aus seinem Fenster im zweiten Stockwerk alles beobachtete?

Why did Private Pallas, who was watching everything from his window on the second floor, tolerate all this?

4.2 Ergründe die Menschennatur!

Fathom the nature of man!

4.3 Mit hochgeschlagenem Kragen, den Schlafrock um den weiten Leib gegürtet, kopfschüttelnd, blickte er hinab.

With his collar turned up, his robe belted around his wide body, he looked down, shaking his head.

5.1 Und fünf Häuser weiter, ihm schräg gegenüber, sah Frau Wese, den Fuchspelz über ihrem Nachthemd, nach ihrem Manne aus, der heute ungewöhnlich lange zögerte.

And five houses away, diagonally opposite him, Mrs. Wese, the fox fur over her nightgown, looked after her husband, who was hesitating for an unusually long time today.

6.1 Endlich ertönt die Türglocke vor Weses Büro, zu laut für eine Türglocke, über die Stadt hin, zum Himmel auf, und Wese, der fleißige Nachtarbeiter, tritt dort, in dieser Gasse noch unsichtbar, nur durch das Glockenzeichen angekündigt, aus dem Haus;

At last the doorbell outside Wese's office sounds, too loud for a doorbell, across the city, up to the sky, and Wese, the industrious night worker, steps out of the house, still invisible in this alley, announced only by the bell;

6.2 gleich zählt das Pflaster seine ruhigen Schritte.

immediately the pavement counts his quiet footsteps.

Pallas beugt sich weit hervor; er darf nichts versäumen. 7.1

Pallas leans forward; he must not miss anything.

Frau Wese schließt, beruhigt durch die Glocke, klirrend ihr Fenster. 7.2

Mrs. Wese, reassured by the bell, closes her window with a clatter.

Schmar aber kniet nieder; 7.3

But Schmar kneels down;

da er augenblicklich keine anderen Blößen hat, 7.4

as he has no other nakedness at the moment,

drückt er nur Gesicht und Hände gegen die Steine; 7.5

he only presses his face and hands against the stones;

wo alles friert, glüht Schmar. 7.6

where everything freezes, Schmar glows.

Gerade an der Grenze, welche die Gassen scheidet, bleibt Wese stehen, nur mit dem Stock stützt er sich in die jenseitige Gasse. 8.1

Wese stops right at the border that separates the alleys, only using his stick to support himself in the alley on the other side.

Eine Laune. Der Nachthimmel hat ihn angelockt, 9.1

A whim. The night sky has attracted him,

das Dunkelblaue und das Goldene. Unwissend blickt er es an, 9.2

the dark blue and the golden. Unknowingly he gazes at it,

9.3 unwissend streicht er das Haar unter dem gelüpften Hut;

unknowingly he strokes his hair under his hat;

9.4 nichts rückt dort oben zusammen, um ihm die allernächste Zukunft anzuzeigen;

nothing moves together up there to show him the very near future;

9.5 alles bleibt an seinem unsinnigen, unerforschlichen Platz.

everything remains in its nonsensical, inscrutable place.

9.6 An und für sich sehr vernünftig, daß Wese weitergeht, aber er geht ins Messer des Schmar.

In itself it is very sensible for Wese to go on, but he walks into the knife of Schmar.

10.1 »Wese!«

"Wese!"

10.2 schreit Schmar, auf den Fußspitzen stehend, den Arm aufgereckt, das Messer scharf gesenkt.

shouts Schmar, standing on tiptoe, his arm raised, his knife sharply lowered.

10.3 »Wese! Vergebens wartet Julia!

"Wese! Julia waits in vain!

10.4 «Und rechts in den Hals und links in den Hals und drittens tief in den Bauch sticht Schmar.

"And Schmar stabs right into the neck, left into the neck and thirdly deep into the stomach.

Wasserratten, aufgeschlitzt, geben einen ähnlichen Laut von sich wie Wese. `10.5`

Water rats, slashed open, make a sound similar to that of Wese.

»Getan«, sagt Schmar und wirft das Messer, den überflüssigen blutigen Ballast, gegen die nächste Hausfront. `11.1`

"Done", says Schmar and throws the knife, the superfluous bloody ballast, against the next house front.

»Seligkeit des Mordes! Erleichterung, `11.2`

"The bliss of murder! Relief,

Beflügelung durch das Fließen des fremden Blutes! `11.3`

inspiration from the flow of foreign blood!

Wese, alter Nachtschatten, Freund, Bierbankgenosse, versickerst im dunklen Straßengrund. `11.4`

Wese, old nightshade, friend, beer-bench companion, seep into the dark street ground.

Warum bist du nicht einfach eine mit Blut gefüllte Blase, `11.5`

Why aren't you just a bubble filled with blood,

daß ich mich auf dich setzte und du verschwändest ganz und gar. `11.6`

that I sit on you and you disappear completely.

Nicht alles wird erfüllt, nicht alle Blütenträume reiften, dein schwerer Rest liegt hier, schon unzugänglich jedem Tritt. `11.7`

Not everything is fulfilled, not all flower dreams ripened, your heavy rest lies here, already inaccessible to every footstep.

11.8 Was soll die stumme Frage, die du damit stellst?«
What is the meaning of the silent question you are asking?"

12.1 Pallas, alles Gift durcheinanderwürgend in seinem Leib, steht in seiner zweiflügelig aufspringenden Haustür.
Pallas, all venom churning in his body, stands in his double-leafed front door.

12.2 »Schmar! Schmar! Alles bemerkt, nichts übersehen.«
"Shmar! Shmar! Everything noticed, nothing overlooked."

12.3 Pallas und Schmar prüfen einander. Pallas befriedigt's,
Pallas and Schmar examine each other. Pallas is satisfied,

12.4 Schmar kommt zu keinem Ende.
Schmar doesn't come to an end.

13.1 Frau Wese mit einer Volksmenge zu ihren beiden Seiten eilt mit vor Schrecken ganz gealtertem Gesicht herbei.
Mrs. Wese, with a crowd of people on either side of her, rushes over, her face aged with horror.

13.2 Der Pelz öffnet sich, sie stürzt über Wese, der nachthemdbekleidete Körper gehört ihm, der über dem Ehepaar sich wie der Rasen eines Grabes schließende Pelz gehört der Menge.
The fur opens, she falls over Wese, the shirt-clad body belongs to him, the fur that closes over the couple like the turf of a grave belongs to the crowd.

Schmar, mit Mühe die letzte Übelkeit verbeißend,   14.1
den Mund an die Schulter des Schutzmannes
gedrückt, der leichtfüßig ihn davonführt.

Schmar, with difficulty biting off the last of his nausea,
pressed his mouth to the shoulder of the guard, who light-
footedly leads him away.

Das nächste Dorf

The Next Village

1.1 Mein Großvater pflegte zu sagen:
My grandfather used to say:

1.2 »Das Leben ist erstaunlich kurz.
"Life is amazingly short.

1.3 Jetzt in Erinnerung drängt es sich mir so zusammen,
daß ich zum Beispiel kaum begreife, wie ein junger
Mensch sich entschließen kann, ins nächste Dorf zu
reiten, ohne zu fürchten, daß –
Now that I remember it, I can hardly understand, for
example, how a young person can decide to ride to the next
village without fearing that –

1.4 von unglücklichen Zufällen ganz abgesehen –
quite apart from unfortunate coincidences –

1.5 schon die Zeit des gewöhnlichen,
the time of an ordinary,

1.6 glücklich ablaufenden Lebens für einen solchen Ritt
bei weitem nicht hinreicht.«
happy life is not nearly long enough for such a ride."

Ein Landarzt

A Country Doctor

1.1 **Ich war in großer Verlegenheit:**
I was in great embarrassment:

1.2 **eine dringende Reise stand mir bevor;**
an urgent journey was before me;

1.3 **ein Schwerkranker wartete auf mich in einem zehn Meilen entfernten Dorfe;**
a seriously ill man was waiting for me in a village ten miles away;

1.4 **starkes Schneegestöber füllte den weiten Raum zwischen mir und ihm;**
heavy snow flurries filled the wide space between me and him;

1.5 **einen Wagen hatte ich, leicht, großräderig, ganz wie er für unsere Landstraßen taugt;**
I had a carriage, light, large-wheeled, quite suitable for our country roads;

in den Pelz gepackt, die Instrumententasche in der
Hand, stand ich reisefertig schon auf dem Hofe; 1.6
packed in my fur, the instrument bag in my hand, I was
already standing in the yard ready to travel;

aber das Pferd fehlte, das Pferd. 1.7
but the horse was missing, the horse.

Mein eigenes Pferd war in der letzten Nacht, infolge
der Überanstrengung in diesem eisigen Winter,
verendet; 1.8
My own horse had died last night, owing to overwork in
this icy winter;

mein Dienstmädchen lief jetzt im Dorf umher, um
ein Pferd geliehen zu bekommen; 1.9
my maid was now running about the village to get a horse
on loan;

aber es war aussichtslos, ich wußte es, und immer
mehr vom Schnee überhäuft, immer unbeweglicher
werdend, stand ich zwecklos da. 1.10
but it was hopeless, I knew, and more and more covered
with snow, more and more immobile, I stood there to no
purpose.

Am Tor erschien das Mädchen, allein, schwenkte die
Laterne; 1.11
The girl appeared at the gate, alone, waving her lantern;

natürlich, wer leiht jetzt sein Pferd her zu solcher
Fahrt? 1.12
of course, who would lend his horse for such a ride now?

Ich durchmaß noch einmal den Hof; ich fand keine
Möglichkeit; 1.13
I looked around the yard again; I couldn't find a way out;

1.14 zerstreut, gequält stieß ich mit dem Fuß an die
brüchige Tür des schon seit Jahren unbenützten
Schweinestalles.
distracted, tormented, I banged my foot against the
crumbling door of the pigsty, which had been unused
for years.

1.15 Sie öffnete sich und klappte in den
Angeln auf und zu.
It opened and clicked open and closed on its hinges.

1.16 Wärme und Geruch wie von Pferden kam hervor.
Warmth and the smell of horses came out.

1.17 Eine trübe Stallaterne schwankte drin an einem Seil.
A dim barn lantern swayed inside on a rope.

1.18 Ein Mann, zusammengekauert in dem niedrigen
Verschlag, zeigte sein offenes blauäugiges Gesicht.
A man, huddled in the low shed, showed his open blue-eyed
face.

1.19 »Soll ich anspannen?« fragte er,
"Shall I hitch up?" he asked,

1.20 auf allen vieren hervorkriechend.
crawling out on all fours.

1.21 Ich wußte nichts zu sagen und beugte mich nur, um
zu sehen, was es noch in dem Stalle gab.
I didn't know what to say and just bent down to see what
else was in the stable.

1.22 Das Dienstmädchen stand neben mir.
The maid stood beside me.

»Man weiß nicht, was für Dinge man im eigenen Hause vorrätig hat«, sagte es, und wir beide lachten.   1.23

"You don't know what things you have in your own house", she said, and we both laughed.

»Holla, Bruder, holla, Schwester!«   1.24

"Holla, brother, holla, sister!"

rief der Pferdeknecht, und zwei Pferde, mächtige flankenstarke Tiere, schoben sich hintereinander, die Beine eng am Leib, die wohlgeformten Köpfe wie Kamele senkend, nur durch die Kraft der Wendungen ihres Rumpfes aus dem Türloch, das sie restlos ausfüllten.   1.25

shouted the groom, and two horses, mighty animals with strong flanks, pushed their way out of the doorway one behind the other, their legs close to their bodies, their well-formed heads lowered like camels, only by the force of the turns of their rumps, which they filled completely.

Aber gleich standen sie aufrecht, hochbeinig, mit dicht ausdampfendem Körper.   1.26

But in a moment they were standing upright, tall, with their bodies steaming out.

»Hilf ihm«, sagte ich, und das willige Mädchen eilte, dem Knecht das Geschirr des Wagens zu reichen.   1.27

"Help him", I said, and the willing girl hurried to hand the harness of the cart to the servant.

Doch kaum war es bei ihm,   1.28

But as soon as she reached him,

umfaßt es der Knecht und schlägt sein Gesicht an ihres.   1.29

the servant grabbed her and smashed his face against hers.

186

1.30 Es schreit auf und flüchtet sich zu mir;

She cries out and flees to me;

1.31 rot eingedrückt sind zwei Zahnreihen in des Mädchens Wange.

two rows of teeth are pressed red into the girl's cheek.

1.32 »Du Vieh«, schreie ich wütend, »willst du die Peitsche?«,

"You cattle", I shout angrily, "do you want the whip?",

1.33 besinne mich aber gleich, daß es ein Fremder ist, daß ich nicht weiß, woher er kommt, und daß er mir freiwillig aushilft, wo alle andern versagen.

but I realize at once that it is a stranger, that I do not know where he comes from, and that he is voluntarily helping me out where all others fail.

1.34 Als wisse er von meinen Gedanken, nimmt er meine Drohung nicht übel, sondern wendet sich nur einmal, immer mit den Pferden beschäftigt, nach mir um.

As if he knew of my thoughts, he does not take offense at my threat, but only turns to me once, always busy with the horses.

1.35 »Steigt ein«, sagt er dann, und tatsächlich:

"Get in", he says, and indeed:

1.36 alles ist bereit.

everything is ready.

1.37 Mit so schönem Gespann, das merke ich, bin ich noch nie gefahren, und ich steige fröhlich ein.

I realize that I've never driven such a beautiful carriage before and I happily get in.

»Kutschieren werde aber ich, du kennst nicht den Weg«, sage ich.

1.38

"But I'll be driving, you don't know the way", I say.

»Gewiß«, sagt er, »ich fahre gar nicht mit,

1.39

"Of course", he says, "I'm not going,

ich bleibe bei Rosa.«

1.40

I'm staying with Rosa."

»Nein«, schreit Rosa und läuft im richtigen Vorgefühl der Unabwendbarkeit ihres Schicksals ins Haus;

1.41

"No", cries Rosa, running into the house with the right premonition of the inevitability of her fate;

ich höre die Türkette klirren, die sie vorlegt;

1.42

I hear the door chain jingle as she puts it forward;

ich höre das Schloß einspringen;

1.43

I hear the lock click;

ich sehe, wie sie überdies im Flur und weiterjagend durch die Zimmer alle Lichter verlöscht, um sich unauffindbar zu machen.

1.44

I see her extinguishing all the lights in the hallway and running through the rooms to make herself untraceable.

»Du fährst mit«, sage ich zu dem Knecht,

1.45

"You're going with me", I say to the servant,

»oder ich verzichte auf die Fahrt, so dringend sie auch ist.

1.46

"or I'll give up the trip, urgent as it is.

1.47 Es fällt mir nicht ein, dir für die Fahrt das Mädchen als Kaufpreis hinzugeben.«

It doesn't occur to me to give you the girl as a price for the journey."

1.48 »Munter!«

"Cheer up!"

1.49 sagt er; klatscht in die Hände; der Wagen wird fortgerissen, wie Holz in die Strömung; noch höre ich, wie die Tür meines Hauses unter dem Ansturm des Knechts birst und splittert, dann sind mir Augen und Ohren von einem zu allen Sinnen gleichmäßig dringenden Sausen erfüllt.

he says, clapping his hands; the carriage is swept away like wood in the current; I can still hear the door of my house burst and splinter under the servant's onslaught, then my eyes and ears are filled with a sound that penetrates all my senses.

1.50 Aber auch das nur einen Augenblick, denn,

But even that is only for a moment, for,

1.51 als öffne sich unmittelbar vor meinem Hoftor der Hof meines Kranken,

as if the courtyard of my patient's house were opening directly in front of my gate,

1.52 bin ich schon dort; ruhig stehen die Pferde;

I am already there; the horses are standing quietly;

1.53 der Schneefall hat aufgehört; Mondlicht ringsum;

the snowfall has stopped; moonlight all around;

1.54 die Eltern des Kranken eilen aus dem Haus;

the patient's parents are hurrying out of the house;

seine Schwester hinter ihnen; man hebt mich fast aus dem Wagen;

1.55

his sister behind them; I am almost lifted out of the carriage;

den verwirrten Reden entnehme ich nichts;

1.56

I take nothing from the confused speeches;

im Krankenzimmer ist die Luft kaum atembar;

1.57

the air in the sickroom is barely breathable;

der vernachlässigte Herdofen raucht;

1.58

the neglected stove is smoking;

ich werde das Fenster aufstoßen;

1.59

I will push open the window;

zuerst aber will ich den Kranken sehen.

1.60

but first I want to see the patient.

Mager, ohne Fieber, nicht kalt, nicht warm, mit leeren Augen, ohne Hemd hebt sich der junge unter dem Federbett, hängt sich an meinen Hals, flüstert mir ins Ohr:

1.61

Lean, without fever, not cold, not warm, with empty eyes, without a shirt, the young man rises from under the feather bed, clings to my neck, whispers in my ear:

»Doktor, laß mich sterben. « Ich sehe mich um;

1.62

"Doctor, let me die. " I look around;

niemand hat es gehört;

1.63

no one has heard;

die Eltern stehen stumm vorgebeugt und erwarten mein Urteil;

1.64

the parents stand silently bent over, awaiting my judgment;

1.65 die Schwester hat einen Stuhl für meine Handtasche gebracht.

the nurse has brought a chair for my handbag.

1.66 Ich öffne die Tasche und suche unter meinen Instrumenten;

I open the bag and search among my instruments;

1.67 der Junge tastet immerfort aus dem Bett nach mir hin, um mich an seine Bitte zu erinnern;

the boy keeps groping for me from the bed to remind me of his request;

1.68 ich fasse eine Pinzette,

I pick up a pair of tweezers,

1.69 prüfe sie im Kerzenlicht und lege sie wieder hin.

examine them in the candlelight and put them down again.

1.70 »Ja«, denke ich lästernd,

"Yes", I think blasphemously,

1.71 »in solchen Fällen helfen die Götter, schicken das fehlende Pferd, fügen der Eile wegen noch ein zweites hinzu, spenden zum Übermaß noch den Pferdeknecht-.«

"in such cases the gods help, send the missing horse, add a second one for the sake of haste, donate the groom for good measure."

1.72 Jetzt erst fällt mir wieder Rosa ein;

Only now do I think of Rosa again;

was tue ich, wie rette ich sie, wie ziehe ich sie unter diesem Pferdeknecht hervor, zehn Meilen von ihr entfernt, unbeherrschbare Pferde vor meinem Wagen?

1.73

what do I do, how do I save her, how do I pull her out from under this groom, ten miles away from her, unmanageable horses in front of my carriage?

Diese Pferde, die jetzt die Riemen irgendwie gelockert haben;

1.74

These horses, which have now somehow loosened their straps;

die Fenster, ich weiß nicht wie, von außen aufstoßen?

1.75

the windows, I don't know how, pushed open from the outside?

jedes durch ein Fenster den Kopf stecken und, unbeirrt durch den Aufschrei der Familie, den Kranken betrachten.

1.76

each sticking its head through a window and, unperturbed by the outcry of the family, looking at the sick man.

»Ich fahre gleich wieder zurück«, denke ich, als forderten mich die Pferde zur Reise auf, aber ich dulde es, daß die Schwester, die mich durch die Hitze betäubt glaubt, den Pelz mir abnimmt.

1.77

"I'm going straight back", I think, as if the horses were urging me to travel, but I allow the nurse, who thinks I'm stunned by the heat, to take my fur off.

Ein Glas Rum wird mir bereitgestellt, der Alte klopft mir auf die Schulter, die Hingabe seines Schatzes rechtfertigt diese Vertraulichkeit.

1.78

A glass of rum is offered to me, the old man pats me on the shoulder, the devotion of his treasure justifies this intimacy.

1.79 **Ich schüttle den Kopf;**
I shake my head;

1.80 **in dem engen Denkkreis des Alten würde mir übel;**
I would feel sick in the old man's narrow circle of thought;

1.81 **nur aus diesem Grunde lehne ich es ab zu trinken.**
this is the only reason I refuse to drink.

1.82 **Die Mutter steht am Bett und lockt mich hin;**
My mother stands by the bed and beckons me;

1.83 **ich folge und lege, während ein Pferd laut zur Zimmerdecke wiehert, den Kopf an die Brust des Jungen, der unter meinem nassen Bart erschauert.**
I follow and, while a horse whinnies loudly to the ceiling, lay my head on the boy's chest, who shivers under my wet beard.

1.84 **Es bestätigt sich, was ich weiß:**
It confirms what I know:

1.85 **der Junge ist gesund, ein wenig schlecht durchblutet, von der sorgenden Mutter mit Kaffee durchtränkt, aber gesund und am besten mit einem Stoß aus dem Bett zu treiben.**
the boy is healthy, a little poorly supplied with blood, soaked with coffee by his caring mother, but healthy and best driven out of bed with a push.

1.86 **Ich bin kein Weltverbesserer und lasse ihn liegen.**
I'm not a do-gooder and leave him there.

1.87 **Ich bin vom Bezirk angestellt und tue meine Pflicht bis zum Rand, bis dorthin, wo es fast zu viel wird.**
I'm employed by the district and do my duty to the brim, to the point where it almost becomes too much.

Schlecht bezahlt, 1.88
Poorly paid,

bin ich doch freigebig und hilfsbereit gegenüber den 1.89
Armen.
but I'm generous and helpful to the poor.

Noch für Rosa muß ich sorgen, 1.90
I still have to take care of Rosa,

dann mag der Junge recht haben und auch ich will 1.91
sterben.
then the boy may be right and I too will die.

Was tue ich hier in diesem endlosen Winter! 1.92
What am I doing here in this endless winter!

Mein Pferd ist verendet, und da ist niemand im Dorf, 1.93
der mir seines leiht.
My horse has died, and there is no one in the village to lend
me his.

Aus dem Schweinestall muß ich mein Gespann 1.94
ziehen;
I have to pull my team from the pigsty;

wären es nicht zufällig Pferde, müßte ich mit Säuen 1.95
fahren.
if it weren't for horses, I'd have to drive sows.

So ist es. Und ich nicke der Familie zu. 1.96
That's the way it is. And I nod to the family.

Sie wissen nichts davon, und wenn sie es wüßten, 1.97
würden sie es nicht glauben.
They don't know anything about it, and if they did, they
wouldn't believe it.

1.98 **Rezepte schreiben ist leicht, aber im übrigen sich mit den Leuten verständigen, ist schwer.**

Writing recipes is easy, but communicating with people is difficult.

1.99 **Nun, hier wäre also mein Besuch zu Ende, man hat mich wieder einmal unnötig bemüht, daran bin ich gewöhnt, mit Hilfe meiner Nachtglocke martert mich der ganze Bezirk, aber daß ich diesmal auch noch Rosa hingeben mußte, dieses schöne Mädchen, das jahrelang, von mir kaum beachtet, in meinem Hause lebte –**

Well, that's the end of my visit, I've been put to unnecessary trouble again, I'm used to it, the whole district tortures me with the help of my night bell, but the fact that this time I've also had to give up Rosa, this beautiful girl who lived in my house for years, hardly noticed by me –

1.100 **dieses Opfer ist zu groß, und ich muß es mir mit Spitzfindigkeiten aushilfsweise in meinem Kopf irgendwie zurechtlegen, um nicht auf diese Familie loszufahren, die mir ja beim besten Willen Rosa nicht zurückgeben kann.**

this sacrifice is too great, and I have to work it out in my head somehow with sophistry so as not to go off on this family, who can't give me Rosa back with the best will in the world.

1.101 **Als ich aber meine Handtasche schließe und nach meinem Pelz winke, die Familie beisammensteht, der Vater schnuppernd über dem Rumglas in seiner Hand, die Mutter, von mir wahrscheinlich enttäuscht ja, was erwartet denn das Volk?**

But as I close my handbag and wave for my fur, the family standing together, the father sniffing over the rum glass in his hand, the mother, probably disappointed in me - yes, what do the people expect?

– tränenvoll in die Lippen beißend und die Schwester ein schwer blutiges Handtuch schwenkend, bin ich irgendwie bereit, unter Umständen zuzugeben, daß der Junge doch vielleicht krank ist.

1.102

– biting her lips tearfully and the sister waving a heavily bloodied towel, I am somehow prepared to admit that the boy might be ill after all.

Ich gehe zu ihm, er lächelt mir entgegen, als brächte ich ihm etwa die allerstärkste Suppe –

1.103

I go to him, he smiles at me as if I were bringing him the strongest soup –

ach, jetzt wiehern beide Pferde;

1.104

oh, now both horses are neighing;

der Lärm soll wohl, höhern Orts angeordnet, die Untersuchung erleichtern –

1.105

the noise is probably to facilitate the examination, ordered from higher up –

und nun finde ich: ja, der Junge ist krank.

1.106

and now I find: yes, the boy is ill.

In seiner rechten Seite, in der Hüftengegend hat sich eine handtellergroße Wunde aufgetan.

1.107

In his right side, in the hip area, a wound the size of the palm of my hand has opened up.

Rosa, in vielen Schattierungen, dunkel in der Tiefe, hellwerdend zu den Rändern, zartkörnig, mit ungleichmäßig sich aufsammelndem Blut, offen wie ein Bergwerk obertags.

1.108

Pink, in many shades, dark in depth, becoming lighter towards the edges, soft-grained, with blood collecting unevenly, open like a mine on top.

1.109 **So aus der Entfernung.**
From a distance.

1.110 **In der Nähe zeigt sich noch eine Erschwerung.**
Up close, there is another complication.

1.111 **Wer kann das ansehen ohne leise zu pfeifen?**
Who can look at it without whistling softly?

1.112 **Würmer, an Stärke und Länge meinem kleinen Finger gleich, rosig aus eigenem und außerdem blutbespritzt, winden sich, im Innern der Wunde festgehalten, mit weißen Köpfchen, mit vielen Beinchen ans Licht.**
Worms, equal in strength and length to my little finger, rosy from their own and also splattered with blood, wriggle, held inside the wound, with white heads, with many little legs towards the light.

1.113 **Armer Junge, dir ist nicht zu helfen.**
Poor boy, you can't be helped.

1.114 **Ich habe deine große Wunde aufgefunden;**
I have found your great wound;

1.115 **an dieser Blume in deiner Seite gehst du zugrunde.**
you are dying from this flower in your side.

1.116 **Die Familie ist glücklich, sie sieht mich in Tätigkeit;**
The family is happy, they see me in action;

die Schwester sagt's der Mutter, die Mutter 1.117
dem Vater, der Vater einigen Gästen, die auf
den Fußspitzen, mit ausgestreckten Armen
balancierend, durch den Mondschein der offenen
Tür hereinkommen.

the sister tells the mother, the mother the father, the
father some guests who come in through the moonlight of
the open door, balancing on tiptoe with outstretched arms.

»Wirst du mich retten?« 1.118

"Will you save me?"

flüstert schluchzend der Junge, ganz geblendet durch 1.119
das Leben in seiner Wunde.

whispers the boy, sobbing, blinded by the life in his wound.

So sind die Leute in meiner Gegend. 1.120

That's how people are in my neighborhood.

Immer das Unmögliche vom Arzt verlangen. 1.121

Always demanding the impossible from the doctor.

Den alten Glauben haben sie verloren; 1.122

They have lost the old faith;

der Pfarrer sitzt zu Hause und zerzupft die 1.123
Meßgewänder, eines nach dem andern;

the priest sits at home and plucks the vestments one by one;

aber der Arzt soll alles leisten mit seiner zarten 1.124
chirurgischen Hand.

but the doctor is supposed to do everything with his
delicate surgical hand.

Nun, wie es beliebt: ich habe mich nicht angeboten; 1.125

Well, as you like: I have not offered myself;

1.126   verbraucht ihr mich zu heiligen Zwecken,
if you use me for sacred purposes,

1.127   lasse ich auch das mit mir geschehen;
I'll let that happen to me too;

1.128   was will ich Besseres, alter Landarzt, meines
Dienstmädchens beraubt!
what better do I want, old country doctor, robbed of my
maid!

1.129   Und sie kommen, die Familie und die Dorfältesten,
und entkleiden mich;
And they come, the family and the village elders, and
undress me;

1.130   ein Schulchor mit dem Lehrer an der Spitze steht vor
dem Haus und singt eine äußerst einfache Melodie
auf den Text:
a school choir with the teacher at the head stands in front
of the house and sings a very simple melody to the text:

Entkleidet ihn, dann wird
er heilen,

Undress him and he will
heal,

Und heilt er nicht, so tötet
ihn!

And if he does not heal,
kill him!

's ist nur ein Arzt, 's ist nur
ein Arzt.

It's just a doctor, it's just
a doctor.

3.1   Dann bin ich entkleidet und sehe, die Finger im Barte,
mit geneigtem Kopf die Leute ruhig an.
Then I am undressed and, with my fingers in my beard, I
look calmly at the people with my head bowed.

Ich bin durchaus gefaßt und allen überlegen und
bleibe es auch, trotzdem es mir nichts hilft, denn jetzt
nehmen sie mich beim Kopf und bei den Füßen und
tragen mich ins Bett.

I am quite composed and superior to them all and remain
so, even though it does me no good, for now they take me
by the head and feet and carry me to bed.

3.2

Zur Mauer, an die Seite der Wunde legen sie mich.

They lay me against the wall, on the side of the wound.

3.3

Dann gehen alle aus der Stube; die Tür wird
zugemacht;

Then they all go out of the room; the door is shut;

3.4

der Gesang verstummt; Wolken treten vor den Mond;

the singing stops; clouds appear in front of the moon;

3.5

warm liegt das Bettzeug um mich,

the bedclothes lie warmly around me,

3.6

schattenhaft schwanken die Pferdeköpfe in den
Fensterlöchern.

the horses' heads sway in the window holes like shadows.

3.7

»Weißt du«, höre ich, mir ins Ohr gesagt,

"You know", I hear someone say in my ear,

3.8

»mein Vertrauen zu dir ist sehr gering.

"my trust in you is very low.

3.9

Du bist ja auch nur irgendwo abgeschüttelt,

You're just shaken off somewhere,

3.10

kommst nicht auf eigenen Füßen. Statt zu helfen,

you can't stand on your own two feet. Instead of
helping me,

3.11

3.12 **engst du mir mein Sterbebett ein.**
you're constricting my deathbed.

3.13 **Am liebsten kratzte ich dir die Augen aus.«**
I'd love to claw your eyes out."

3.14 **»Richtig«, sage ich, »es ist eine Schmach.**
"That's right", I say, "it's a disgrace.

3.15 **Nun bin ich aber Arzt. Was soll ich tun? Glaube mir,**
But now I'm a doctor. What am I supposed to do?
Believe me,

3.16 **es wird auch mir nicht leicht.«**
it won't be easy for me either."

3.17 **»Mit dieser Entschuldigung soll ich mich begnügen? Ach,**
"Am I to be content with this excuse? Oh,

3.18 **ich muß wohl. Immer muß ich mich begnügen.**
I must be content. I always have to make do.

3.19 **Mit einer schönen Wunde kam ich auf die Welt;**
I came into the world with a beautiful wound;

3.20 **das war meine ganze Ausstattung.«**
that was my whole equipment."

3.21 **»Junger Freund«, sage ich, »dein Fehler ist:**
"Young friend", I say, "your fault is this:

3.22 **du hast keinen Überblick.**
you have no overview.

Ich, der ich schon in allen Krankenstuben, weit und breit, gewesen bin, sage dir:
3.23
I, who have been in all the sickrooms far and wide, tell you:

deine Wunde ist so übel nicht.
3.24
your wound is not so bad.

Im spitzen Winkel mit zwei Hieben der Hacke geschaffen.
3.25
Made at an acute angle with two strokes of the hoe.

Viele bieten ihre Seite an und hören kaum die Hacke im Forst, geschweige denn, daß sie ihnen näher kommt.«
3.26
Many offer their side and hardly hear the hoe in the forest, let alone that it comes near them."

»Ist es wirklich so oder täuschest du mich im Fieber?«
3.27
"Is it really so, or are you deceiving me in a fever?"

»Es ist wirklich so,
3.28
"It is really so,

nimm das Ehrenwort eines Amtsarztes mit hinüber.«
3.29
take the word of honor of a medical officer with you."

Und er nahm's und wurde still.
3.30
And he took it and fell silent.

Aber jetzt war es Zeit, an meine Rettung zu denken.
3.31
But now it was time to think about my rescue.

Noch standen treu die Pferde an ihren Plätzen.
3.32
The horses were still standing faithfully in their places.

Kleider, Pelz und Tasche waren schnell zusammengerafft;
3.33
Clothes, fur and bag were quickly gathered together;

3.34 **mit dem Ankleiden wollte ich mich nicht aufhalten;**
I didn't want to spend time getting dressed;

3.35 **beeilten sich die Pferde wie auf der Herfahrt, sprang ich ja gewissermaßen aus diesem Bett in meines.**
if the horses hurried like on the journey here, I would jump out of this bed into mine, so to speak.

3.36 **Gehorsam zog sich ein Pferd vom Fenster zurück;**
One horse obediently withdrew from the window;

3.37 **ich warf den Ballen in den Wagen; der Pelz flog zu weit,**
I threw the bale into the wagon; the fur flew too far,

3.38 **nur mit einem Ärmel hielt er sich an einem Haken fest.**
only holding on to a hook with one sleeve.

3.39 **Gut genug. Ich schwang mich aufs Pferd.**
Good enough. I swung myself onto the horse.

3.40 **Die Riemen lose schleifend, ein Pferd kaum mit dem andern verbunden, der Wagen irrend hinterher, den Pelz als letzter im Schnee.**
The straps dragging loosely, one horse barely connected to the other, the cart wandering behind, the pelt the last one in the snow.

3.41 **»Munter!« sagte ich, aber munter ging's nicht;**
"Cheer up!" I said, but it didn't go cheerfully;

3.42 **langsam wie alte Männer zogen wir durch die Schneewüste;**
we moved slowly like old men through the snowy desert;

lange klang hinter uns der neue, aber irrtümliche Gesang der Kinder: 3.43

the new but erroneous singing of the children sounded behind us for a long time:

Freuet euch, ihr Patienten,	Rejoice, you patients,
Der Arzt ist euch ins Bett gelegt!	The doctor has put you to bed!

Niemals komme ich so nach Hause;   5.1

I shall never get home like this;

meine blühende Praxis ist verloren;   5.2

my flourishing practice is lost;

ein Nachfolger bestiehlt mich, aber ohne Nutzen, denn er kann mich nicht ersetzen;   5.3

a successor steals from me, but without benefit, for he cannot replace me;

in meinem Hause wütet der ekle Pferdeknecht;   5.4

the nasty horse-servant rages in my house;

Rosa ist sein Opfer; ich will es nicht ausdenken.   5.5

Rosa is his victim; I will not think it out.

Nackt, dem Froste dieses unglückseligsten Zeitalters ausgesetzt, mit irdischem Wagen, unirdischen Pferden, treibe ich alter Mann mich umher.   5.6

Naked, exposed to the frost of this most unhappy age, with an earthly carriage and unearthly horses, I am an old man.

5.7 **Mein Pelz hängt hinten am Wagen, ich kann ihn aber nicht erreichen, und keiner aus dem beweglichen Gesindel der Patienten rührt den Finger.**

My fur hangs at the back of the cart, but I cannot reach it, and none of the moving rabble of patients lifts a finger.

5.8 **Betrogen! Betrogen!**

Deceived! Deceived!

5.9 **Einmal dem Fehlläuten der Nachtglocke gefolgt –**

Once I followed the false ringing of the night bell –

5.10 **es ist niemals gutzumachen.**

it can never be made up for.

Ein Traum

A Dream

Josef K. träumte:

Josef K. was dreaming:

Es war ein schöner Tag und K. wollte spazierengehen.

It was a beautiful day and K. wanted to go for a walk.

Kaum aber hatte er zwei Schritte gemacht, war er schon auf dem Friedhof.

But he had hardly taken two steps when he was already in the cemetery.

Es waren dort sehr künstliche, unpraktisch gewundene Wege, aber er glitt über einen solchen Weg wie auf einem reißenden Wasser in unerschütterlich schwebender Haltung.

There were very artificial, impractically winding paths there, but he glided over one of them as if on a torrent of water, floating imperturbably.

Schon von der Ferne faßte er einen frisch aufgeworfenen Grabhügel ins Auge,

Even from a distance,

bei dem er haltmachen wollte.

he caught sight of a freshly raised burial mound where he wanted to stop.

Dieser Grabhügel übte fast eine Verlockung auf ihn aus und er glaubte, gar nicht eilig genug hinkommen zu können.

This burial mound was almost tempting to him and he thought he couldn't get there fast enough.

Manchmal aber sah er den Grabhügel kaum, er wurde ihm verdeckt durch Fahnen, deren Tücher sich wanden und mit großer Kraft aneinanderschlugen; man sah die Fahnenträger nicht, aber es war, als herrsche dort viel Jubel.

Sometimes, however, he could hardly see the burial mound; it was hidden from his view by flags whose cloths were waving and beating against each other with great force; he could not see the flag bearers, but it was as if there was much rejoicing there.

Während er den Blick noch in die Ferne gerichtet hatte, sah er plötzlich den gleichen Grabhügel neben sich am Weg, ja fast schon hinter sich. 2.1

While he was still looking into the distance, he suddenly saw the same burial mound next to him on the path, almost behind him.

Er sprang eilig ins Gras. 2.2

He jumped hastily into the grass.

Da der Weg unter seinem abspringenden Fuß weiter raste, 2.3

As the path raced on under his jumping foot,

2.4 **schwankte er und fiel gerade vor dem Grabhügel ins Knie.**

he swayed and fell to his knees just in front of the burial mound.

2.5 **Zwei Männer standen hinter dem Grab und hielten zwischen sich einen Grabstein in der Luft;**

Two men stood behind the grave and held a gravestone in the air between them;

2.6 **kaum war K. erschienen,**

as soon as K. appeared,

2.7 **stießen sie den Stein in die Erde und er stand wie festgemauert.**

they pushed the stone into the ground and it stood as if walled up.

2.8 **Sofort trat aus einem Gebüsch ein dritter Mann hervor,**

A third man immediately emerged from the bushes,

2.9 **den K. gleich als einen Künstler erkannte.**

whom K. immediately recognized as an artist.

2.10 **Er war nur mit Hosen und einem schlecht zugeknöpften Hemd bekleidet;**

He was dressed only in pants and a poorly buttoned shirt;

2.11 **auf dem Kopf hatte er eine Samtkappe;**

he had a velvet cap on his head;

2.12 **in der Hand hielt er einen gewöhnlichen Bleistift,**

in his hand he held an ordinary pencil,

mit dem er schon beim Näherkommen Figuren in der Luft beschrieb. 2.13

with which he drew figures in the air as he approached.

Mit diesem Bleistift setzte er nun oben auf dem Stein an; 3.1

He now placed this pencil on top of the stone;

der Stein war sehr hoch, er mußte sich gar nicht bücken, wohl aber mußte er sich vorbeugen, denn der Grabhügel, auf den er nicht treten wollte, trennte ihn von dem Stein. 3.2

the stone was very high, he did not have to bend down at all, but he did have to lean forward, because the burial mound, which he did not want to step on, separated him from the stone.

Er stand also auf den Fußspitzen und stützte sich mit der linken Hand auf die Fläche des Steines. 3.3

So he stood on tiptoe and leaned on the surface of the stone with his left hand.

Durch eine besonders geschickte Hantierung gelang es ihm, 3.4

By a particularly skillful manipulation,

mit dem gewöhnlichen Bleistift Goldbuchstaben zu erzielen; 3.5

he succeeded in making gold letters with the ordinary pencil;

er schrieb: ›Hier ruht – ‹ 3.6

he wrote: 'Here rests – '

Jeder Buchstabe erschien rein und schön, 3.7

Each letter appeared pure and beautiful,

3.8 tief geritzt und in vollkommenem Gold.
deeply carved and in perfect gold.

3.9 Als er die zwei Worte geschrieben hatte,
When he had written the two words,

3.10 sah er nach K. zurück;
he looked back at K.;

3.11 K., der sehr begierig auf das Fortschreiten der
Inschrift war, kümmerte sich kaum um den Mann,
sondern blickte nur auf den Stein.
K., who was very eager to see the progress of the
inscription, hardly paid any attention to the man, but
only looked at the stone.

3.12 Tatsächlich setzte der Mann wieder zum
Weiterschreiben an, aber er konnte nicht, es bestand
irgendein Hindernis, er ließ den Bleistift sinken und
drehte sich wieder nach K. um.
The man actually started to write again, but he couldn't,
there was some obstacle, he lowered the pencil and turned
back to K.

3.13 Nun sah auch K. den Künstler an und merkte, daß
dieser in großer Verlegenheit war, aber die Ursache
dessen nicht sagen konnte.
Now K. also looked at the artist and realized that he was
very embarrassed, but could not say why.

3.14 Alle seine frühere Lebhaftigkeit war verschwunden.
All his earlier liveliness had disappeared.

3.15 Auch K. geriet dadurch in Verlegenheit;
K. was also embarrassed;

3.16 sie wechselten hilflose Blicke;
they exchanged helpless glances;

es lag ein häßliches Mißverständnis vor, das keiner auflösen konnte.

3.17

there was an ugly misunderstanding that neither of them could resolve.

Zur Unzeit begann nun auch eine kleine Glocke von der Grabkapelle zu läuten, aber der Künstler fuchtelte mit der erhobenen Hand und sie hörte auf.

3.18

At the wrong time, a small bell from the funeral chapel began to ring, but the artist waved his upraised hand and it stopped.

Nach einem Weilchen begann sie wieder;

3.19

After a while it started again;

diesmal ganz leise und, ohne besondere Aufforderung, gleich abbrechend;

3.20

this time very quietly and, without any special request, immediately stopped;

es war, als wolle sie nur ihren Klang prüfen.

3.21

it was as if it only wanted to test its sound.

K. war untröstlich über die Lage des Künstlers,

3.22

K. was inconsolable about the artist's situation,

er begann zu weinen und schluchzte lange in die vorgehaltenen Hände.

3.23

he began to cry and sobbed into his hands for a long time.

Der Künstler wartete, bis K. sich beruhigt hatte, und entschloß sich dann, da er keinen andern Ausweg fand, dennoch zum Weiterschreibcn.

3.24

The artist waited until K. had calmed down and then, finding no other way out, decided to continue writing anyway.

3.25 **Der erste kleine Strich, den er machte, war für K.
eine Erlösung, der Künstler brachte ihn aber offenbar
nur mit dem äußersten Widerstreben zustande;**

The first small stroke he made was a relief for K., but
the artist obviously only managed it with the utmost
reluctance;

3.26 **die Schrift war auch nicht mehr so schön, vor allem
schien es an Gold zu fehlen, blaß und unsicher
zog sich der Strich hin, nur sehr groß wurde der
Buchstabe.**

the writing was no longer so beautiful, above all it seemed
to lack gold, the stroke was pale and uncertain, only the
letter was very large.

3.27 **Es war ein J, fast war es schon beendet, da stampfte
der Künstler wütend mit einem Fuß in den Grabhügel
hinein, daß die Erde ringsum in die Höhe flog.**

It was a J, almost finished, when the artist stamped
furiously with one foot into the mound so that the earth
flew up all around.

3.28 **Endlich verstand ihn K.;**

At last K. understood him;

3.29 **ihn abzubitten war keine Zeit mehr;**

there was no more time to stop him;

3.30 **mit allen Fingern grub er in die Erde,**

with all his fingers he dug into the earth,

3.31 **die fast keinen Widerstand leistete;**

which offered almost no resistance;

3.32 **alles schien vorbereitet;**

everything seemed to be ready;

nur zum Schein war eine dünne Erdkruste
aufgerichtet;

3.33

a thin crust of earth had been erected only as an illusion;

gleich hinter ihr öffnete sich mit abschüssigen
Wänden ein großes Loch, in das K., von einer sanften
Strömung auf den Rücken gedreht, versank.

3.34

just behind it a large hole opened up with sloping walls,
into which K. sank, turned on his back by a gentle current.

Während er aber unten, den Kopf im Genick noch
aufgerichtet, schon von der undurchdringlichen
Tiefe aufgenommen wurde, jagte oben sein Name mit
mächtigen Zieraten über den Stein.

3.35

But while he was already absorbed by the impenetrable
depths below, his head still erect at the nape of his neck,
his name chased across the stone above with mighty
ornamentation.

Entzückt von diesem Anblick erwachte er.

3.36

Enraptured by the sight, he awoke.

Fürsprecher

Advocate

1.1 Es war sehr unsicher, ob ich Fürsprecher hatte,
ich konnte nichts Genaues darüber erfahren, alle
Gesichter waren abweisend, die meisten Leute, die
mir entgegenkamen, und die ich wieder und wieder
auf den Gängen traf, sahen wie alte dicke Frauen aus,
sie hatten große, den ganzen Körper bedeckende,
dunkelblau und weiß gestreifte Schürzen, strichen
sich den Bauch und drehten sich schwerfällig hin
und her.

It was very uncertain whether I had advocates, I couldn't
find out anything specific about it, all the faces were
forbidding, most of the people I came across and met
again and again in the corridors looked like old fat women,
they had large, dark blue and white striped aprons covering
their whole bodies, stroked their stomachs and turned to
and fro with difficulty.

1.2 Ich konnte nicht einmal erfahren, ob wir in einem
Gerichtsgebäude waren.

I couldn't even tell if we were in a courthouse.

1.3 Manches sprach dafür, vieles dagegen.

Some things spoke for it, many against it.

Über alle Einzelheiten hinweg erinnerte mich   1.4
am meisten an ein Gericht ein Dröhnen, das
unaufhörlich aus der Ferne zu hören war, man
konnte nicht sagen, aus welcher Richtung es kam,
es erfüllte so sehr alle Räume, daß man annehmen
konnte, es komme von überall oder, was noch
richtiger schien, gerade der Ort, wo man zufällig
stand, sei der eigentliche Ort dieses Dröhnens, aber
gewiß war das eine Täuschung, denn es kam aus der
Ferne.

Over and above all the details, what reminded me most
of a court was a roar that could be heard incessantly from
afar, you couldn't tell from which direction it was coming,
it filled all the rooms so much that you could assume it
was coming from everywhere or, what seemed even more
correct, that the very place where you happened to be
standing was the actual location of this roar, but that was
certainly a deception, because it was coming from afar.

Diese Gänge, schmal, einfach überwölbt, in   1.5
langsamen Wendungen geführt, mit sparsam
geschmückten hohen Türen, schienen sogar für tiefe
Stille geschaffen, es waren die Gänge eines Museums
oder einer Bibliothek.

These corridors, narrow, simply vaulted, leading in slow
turns, with sparsely decorated high doors, even seemed
made for deep silence; they were the corridors of a museum
or a library.

Wenn es aber kein Gericht war,   1.6

But if it wasn't a court,

warum forschte ich dann hier nach einem   1.7
Fürsprecher?

why was I looking for an advocate here?

216

1.8 Weil ich überall einen Fürsprecher suchte, überall ist er nötig, ja man braucht ihn weniger bei Gericht als anderswo, denn das Gericht spricht sein Urteil nach dem Gesetz, sollte man annehmen.

Because I was looking for an advocate everywhere, he is needed everywhere, indeed he is needed less in court than elsewhere, for the court pronounces its judgment according to the law, one should assume.

1.9 Sollte man annehmen, daß es hiebei ungerecht oder leichtfertig vorgehe, wäre ja kein Leben möglich, man muß zum Gericht das Zutrauen haben, daß es der Majestät des Gesetzes freien Raum gibt, denn das ist seine einzige Aufgabe, im Gesetz selbst aber ist alles Anklage, Fürspruch und Urteil, das selbständige Sicheinmischen eines Menschen hier wäre Frevel.

If one were to assume that it proceeds unjustly or frivolously in doing so, no life would be possible; one must have confidence in the court that it gives free scope to the majesty of the law, for that is its only task, but in the law itself everything is accusation, advocacy and judgment; the independent interference of a human being here would be sacrilege.

1.10 Anders aber verhält es sich mit dem Tatbestand eines Urteils, dieser gründet sich auf Erhebungen hier und dort, bei Verwandten und Fremden, bei Freunden und Feinden, in der Familie und in der Öffentlichkeit, in Stadt und Dorf, kurz überall.

The facts of a judgment, however, are a different matter; they are based on inquiries here and there, among relatives and strangers, friends and enemies, in the family and in public, in town and village, in short, everywhere.

Hier ist es dringend nötig, Fürsprecher zu haben, Fürsprecher in Mengen, die besten Fürsprecher, einen eng neben dem andern, eine lebende Mauer, denn die Fürsprecher sind ihrer Natur nach schwer beweglich, die Ankläger aber, diese schlauen Füchse, diese flinken Wiesel, diese unsichtbaren Mäuschen, schlüpfen durch die kleinsten Lücken, huschen zwischen den Beinen der Fürsprecher durch. 1.11

Here it is urgently necessary to have intercessors, intercessors in abundance, the best intercessors, one close to the other, a living wall, because the intercessors are by their nature difficult to move, but the accusers, those sly foxes, those nimble weasels, those invisible mice, slip through the smallest gaps, scurry between the legs of the intercessors.

Also Achtung! Deshalb bin ich ja hier, ich sammle Fürsprecher. 1.12

So watch out! That's why I'm here, I'm collecting advocates.

Aber ich habe noch keinen gefunden, nur die alten Frauen kommen und gehn, immer wieder; 1.13

But I haven't found one yet, only the old women come and go, again and again;

wäre ich nicht auf der Suche, es würde mich einschläfern. 1.14

if I wasn't looking, it would put me to sleep.

Ich bin nicht am richtigen Ort, leider kann ich mich dem Eindruck nicht verschließen, daß ich nicht am richtigen Ort bin. 1.15

I'm not in the right place, unfortunately I can't deny the impression that I'm not in the right place.

1.16 Ich müßte an einem Ort sein, wo vielerlei Menschen zusammenkommen, aus verschiedenen Gegenden, aus allen Ständen, aus allen Berufen, verschiedenen Alters, ich müßte die Möglichkeit haben, die Tauglichen, die Freundlichen, die, welche einen Blick für mich haben, vorsichtig auszuwählen aus einer Menge.

I should be in a place where all kinds of people come together, from different areas, from all walks of life, from all professions, of different ages, I should have the opportunity to carefully select the suitable, the friendly, those who have an eye for me, from a crowd.

1.17 Am besten wäre dazu vielleicht ein großer Jahrmarkt geeignet.

Perhaps a large fair would be best suited for this.

1.18 Statt dessen treibe ich mich auf diesen Gängen umher, wo nur diese alten Frauen zu sehn sind, und auch von ihnen nicht viele, und immerfort die gleichen und selbst diese wenigen, trotz ihrer Langsamkeit, lassen sich von mir nicht stellen, entgleiten mir, schweben wie Regenwolken, sind von unbekannten Beschäftigungen ganz in Anspruch genommen.

Instead, I wander about these aisles, where only these old women are to be seen, and not many of them either, and always the same ones, and even these few, despite their slowness, do not allow themselves to be confronted by me, slip away from me, float like rain clouds, are completely absorbed by unknown occupations.

Warum eile ich denn blindlings in ein Haus, lese
nicht die Aufschrift über dem Tor, bin gleich auf den
Gängen, setze mich hier mit solcher Verbohrtheit
fest, daß ich mich gar nicht erinnern kann, jemals
vor dem Haus gewesen, jemals die Treppen
hinaufgelaufen zu sein. 1.19

Why then do I rush blindly into a house, do not read the
sign above the gate, am immediately in the corridors, settle
here with such stubbornness that I cannot remember ever
having been in front of the house, ever having walked up
the stairs.

Zurück aber darf ich nicht, diese Zeitversäumnis,
dieses Eingestehn eines Irrwegs wäre mir
unerträglich. 1.20

But I mustn't go back, this loss of time, this admission of a
wrong path would be unbearable for me.

Wie? 1.21

How?

In diesem kurzen, eiligen, von einem ungeduldigen
Dröhnen begleiteten Leben eine Treppe
hinunterlaufen? 1.22

Run down a flight of stairs in this short, hurried life
accompanied by an impatient drone?

Das ist unmöglich. 1.23

That is impossible.

Die dir zugemessene Zeit ist so kurz, daß du, wenn
du eine Sekunde verlierst, schon dein ganzes Leben
verloren hast, denn es ist nicht länger, es ist immer
nur so lang, wie die Zeit, die du verlierst. 1.24

The time allotted to you is so short that if you lose a second,
you have already lost your whole life, for it is no longer, it is
always only as long as the time you lose.

1.25 Hast du also einen Weg begonnen, setze ihn fort, unter allen Umständen, du kannst nur gewinnen, du läufst keine Gefahr, vielleicht wirst du am Ende abstürzen, hättest du aber schon nach den ersten Schritten dich zurückgewendet und wärest die Treppe hinuntergelaufen, wärst du gleich am Anfang abgestürzt und nicht vielleicht, sondern ganz gewiß.

So if you have started on a path, continue on it at all costs, you can only win, you run no risk, perhaps you will fall off at the end, but if you had turned back after the first few steps and run down the stairs, you would have fallen off right at the beginning, and not perhaps, but certainly.

1.26 Findest du also nichts hier auf den Gängen, öffne die Türen, findest du nichts hinter diesen Türen, gibt es neue Stockwerke, findest du oben nichts, es ist keine Not, schwinge dich neue Treppen hinauf.

So if you find nothing here in the corridors, open the doors, if you find nothing behind these doors, there are new floors, if you find nothing at the top, there is no need, swing yourself up new stairs.

1.27 Solange du nicht zu steigen aufhörst, hören die Stufen nicht auf, unter deinen steigenden Füßen wachsen sie aufwärts.

As long as you don't stop climbing, the steps won't stop, they will grow upwards under your rising feet.

Auf der Galerie

In the Gallery

1.1 **Wenn irgendeine hinfällige,**
If some decrepit,

1.2 **lungensüchtige Kunstreiterin in der Manege auf schwankendem Pferd vor einem unermüdlichen Publikum vom peitschenschwingenden erbarmungslosen Chef monatelang ohne Unterbrechung im Kreise rundum getrieben würde,**
lung-addicted trick rider in the ring on a swaying horse in front of a tireless audience were driven in circles for months without interruption by the whip-wielding,

1.3 **auf dem Pferde schwirrend, Küsse werfend,**
merciless boss, whirring on the horse,

1.4 **in der Taille sich wiegend,**
throwing kisses,

1.5 **und wenn dieses Spiel unter dem nichtaussetzenden Brausen des Orchesters und der Ventilatoren in die immerfort weiter sich öffnende graue Zukunft sich fortsetzte,**
swaying at the waist,

223

begleitet vom vergehenden und neu anschwellenden
Beifallsklatschen der Hände,

and if this play continued under the never-ending roar
of the orchestra and the fans into the ever-widening gray
future,

die eigentlich Dampfhämmer sind –

accompanied by the fading and swelling applause of hands
that are actually steam hammers –

vielleicht eilte dann ein junger Galeriebesucher die
lange Treppe durch alle Ränge hinab, stürzte in die
Manege, rief das –

perhaps a young gallery visitor would rush down the long
staircase through all the tiers, rush into the ring, shout
the –

Halt! durch die Fanfaren des immer sich
anpassenden Orchesters.

Stop! through the fanfares of the ever-adapting orchestra.

Da es aber nicht so ist;

But since it is not so;

eine schöne Dame, weiß und rot, hereinfliegt,
zwischen den Vorhängen, welche die stolzen
Livrierten vor ihr öffnen;

a beautiful lady, white and red, flies in between the
curtains which the proud liveried men open before her;

der Direktor, hingebungsvoll ihre Augen suchend, in
Tierhaltung ihr entgegenatmet;

the director, devotedly seeking her eyes, breathes towards
her in animal posture;

2.4 vorsorglich sie auf den Apfelschimmel hebt, als wäre sie seine über alles geliebte Enkelin, die sich auf gefährliche Fahrt begibt;

carefully lifts her onto the white horse as if she were his beloved granddaughter, who is about to embark on a dangerous journey;

2.5 sich nicht entschließen kann, das Peitschenzeichen zu geben;

cannot make up her mind to give the whip signal;

2.6 schließlich in Selbstüberwindung es knallend gibt;

finally, overcoming herself, gives it with a crack;

2.7 neben dem Pferde mit offenem Munde einherläuft;

runs along beside the horse with her mouth open;

2.8 die Sprünge der Reiterin scharfen Blickes verfolgt;

follows the rider's leaps with a sharp eye;

2.9 ihre Kunstfertigkeit kaum begreifen kann;

can hardly understand her skill;

2.10 mit englischen Ausrufen zu warnen versucht;

tries to warn her with English exclamations;

2.11 die reifenhaltenden Reitknechte wütend zu peinlichster Achtsamkeit ermahnt;

angrily admonishes the hoop-keeping grooms to be most scrupulously attentive;

2.12 vor dem großen Salto mortale das Orchester mit aufgehobenen Händen beschwört,

before the great Salto mortale,

2.13 es möge schweigen;

implores the orchestra with raised hands to be silent;

schließlich die Kleine vom zitternden Pferde hebt,   2.14

finally lifts the little girl from the trembling horse,

auf beide Backen küßt und keine Huldigung des   2.15
Publikums für genügend erachtet;

kisses her on both cheeks and considers no homage from
the audience sufficient;

während sie selbst, von ihm gestützt, hoch auf den   2.16
Fußspitzen, vom Staub umweht, mit ausgebreiteten
Armen, zurückgelehntem Köpfchen ihr Glück mit
dem ganzen Zirkus teilen will –

while she herself, supported by him, high on her toes,
blown about by the dust, with arms outstretched and head
leaning back, wants to share her happiness with the whole
circus –

da dies so ist, legt der Galeriebesucher das Gesicht   2.17
auf die Brüstung und, im Schlußmarsch wie in einem
schweren Traum versinkend, weint er, ohne es zu
wissen.

as this happens, the gallery visitor puts his face on the
balustrade and, sinking into the final march as if in a heavy
dream, weeps without knowing it.

Der Geier

The Vulture

1.1 Es war ein Geier, der hackte in meine Füße.

It was a vulture, pecking at my feet.

1.2 Stiefel und Strümpfe hatte er schon aufgerissen,

It had already torn open my boots and stockings,

1.3 nun hackte er schon in die Füße selbst. Immer schlug er zu,

now it was pecking at my feet themselves. He always struck,

1.4 flog dann unruhig mehrmals um mich und setzte dann die Arbeit fort.

then flew restlessly around me several times and then continued his work.

1.5 Es kam ein Herr vorüber, sah ein Weilchen zu und fragte dann, warum ich den Geier dulde.

A gentleman came by, watched for a while and then asked why I tolerated the vulture.

1.6 »Ich bin ja wehrlos«, sagte ich,

"I'm defenceless", I said,

»er kam und fing zu hacken an, da wollte ich ihn   1.7
natürlich wegtreiben, versuchte ihn sogar zu würgen,
aber ein solches Tier hat große Kräfte, auch wollte er
mir schon ins Gesicht springen, da opferte ich lieber
die Füße.

"he came and started pecking, so of course I wanted to
drive him away, even tried to strangle him, but an animal
like that has great strength, he also wanted to jump in my
face, so I preferred to sacrifice my feet.

Nun sind sie schon fast zerrissen.«   1.8

Now they are almost torn apart."

»Daß Sie sich so quälen lassen«, sagte der Herr,   1.9

"That you let yourself be tortured like that", said the
gentleman,

»ein Schuß und der Geier ist erledigt.«   1.10

"one shot and the vulture is done for."

»Ist das so?« fragte ich, »und wollen Sie das   1.11
besorgen?«

"Is that so?" I asked, "and will you see to it?"

»Gern«, sagte der Herr,   1.12

"Gladly", said the gentleman,

»ich muß nur nach Hause gehn und mein Gewehr   1.13
holen.

"I just have to go home and get my gun.

Können Sie noch eine halbe Stunde warten?«   1.14

Can you wait another half hour?"

»Das weiß ich nicht«, sagte ich und stand eine Weile   1.15
starr vor Schmerz, dann sagte ich,

"I don't know", I said, and stood for a while rigid with pain,
then I said,

1.16 »Bitte, versuchen Sie es für jeden Fall.«
"Please, try just in case."

1.17 »Gut«, sagte der Herr, »ich werde mich beeilen.«
"All right", said the gentleman, "I'll make haste."

1.18 Der Geier hatte während des Gespräches ruhig
zugehört und die Blicke zwischen mir und dem Herrn
wandern lassen.
The vulture had listened quietly during the conversation,
letting his eyes wander between me and the gentleman.

1.19 Jetzt sah ich, daß er alles verstanden hatte, er flog
auf, weit beugte er sich zurück, um genug Schwung
zu bekommen und stieß dann wie ein Speerwerfer
den Schnabel durch meinen Mund tief in mich.
Now I saw that he had understood everything, he flew up,
bent far back to get enough momentum and then thrust his
beak deep into me through my mouth like a spear thrower.

1.20 Zurückfallend fühlte ich befreit, wie er in meinem
alle Tiefen füllenden, alle Ufer überfließenden Blut
unrettbar ertrank.
Falling back, I felt liberated as he drowned irrevocably in
my blood, which filled all depths and overflowed all banks.

Vor dem Gesetz

Before the Law

1.1 **Vor dem Gesetz steht ein Türhüter.**

A doorkeeper stands before the law.

1.2 **Zu diesem Türhüter kommt ein Mann vom Lande und bittet um Eintritt in das Gesetz.**

A man from the country comes to this doorkeeper and asks to enter the law.

1.3 **Aber der Türhüter sagt, daß er ihm jetzt den Eintritt nicht gewähren könne.**

But the doorkeeper says that he cannot grant him entry now.

1.4 **Der Mann überlegt und fragt dann, ob er also später werde eintreten dürfen.**

The man thinks about it and then asks if he will be allowed to enter later.

1.5 **»Es ist möglich«, sagt der Türhüter, »jetzt aber nicht.«**

"It is possible", says the doorkeeper, "but not now."

Da das Tor zum Gesetz offensteht wie immer und der Türhüter beiseite tritt, bückt sich der Mann, um durch das Tor in das Innere zu sehn.   1.6

As the gate to the law is open as usual and the doorkeeper steps aside, the man bends down to look inside through the gate.

Als der Türhüter das merkt, lacht er und sagt: 1.7

When the doorkeeper notices this, he laughs and says:

»Wenn es dich so lockt, versuche es doch, trotz meines Verbotes hineinzugehn.   1.8

"If you are so tempted, why don't you try to enter despite my prohibition.

Merke aber: Ich bin mächtig.   1.9

But remember: I am powerful.

Und ich bin nur der unterste Türhüter.   1.10

And I am only the lowest doorkeeper.

Von Saal zu Saal stehn aber Türhüter,   1.11

But there are doorkeepers from hall to hall,

einer mächtiger als der andere.   1.12

one more powerful than the other.

Schon den Anblick des dritten kann nicht einmal ich mehr ertragen.«   1.13

Even I can't stand the sight of the third one."

Solche Schwierigkeiten hat der Mann vom Lande nicht erwartet;   1.14

The man from the country had not expected such difficulties;

1.15 das Gesetz soll doch jedem und immer zugänglich sein, denkt er, aber als er jetzt den Türhüter in seinem Pelzmantel genauer ansieht, seine große Spitznase, den langen, dünnen, schwarzen tatarischen Bart, entschließt er sich, doch lieber zu warten, bis er die Erlaubnis zum Eintritt bekommt.

the law should be accessible to everyone and always, he thinks, but as he now takes a closer look at the doorkeeper in his fur coat, his large pointed nose, his long, thin, black Tatar beard, he decides that he would rather wait until he gets permission to enter.

1.16 Der Türhüter gibt ihm einen Schemel und läßt ihn seitwärts von der Tür sich niedersetzen.

The doorkeeper gives him a stool and makes him sit down at the side of the door.

1.17 Dort sitzt er Tage und Jahre.

He sits there for days and years.

1.18 Er macht viele Versuche, eingelassen zu werden, und ermüdet den Türhüter durch seine Bitten.

He makes many attempts to be let in and tires the doorkeeper out with his pleas.

1.19 Der Türhüter stellt öfters kleine Verhöre mit ihm an, fragt ihn über seine Heimat aus und nach vielem andern, es sind aber teilnahmslose Fragen, wie sie große Herren stellen, und zum Schlusse sagt er ihm immer wieder, daß er ihn noch nicht einlassen könne.

The doorkeeper often interrogates him a little, asks him about his home and many other things, but they are impassive questions, like those asked by great lords, and in the end he tells him again and again that he cannot let him in yet.

Der Mann, der sich für seine Reise mit vielem
ausgerüstet hat, verwendet alles, und sei es noch
so wertvoll, um den Türhüter zu bestechen.

1.20

The man, who has equipped himself with many things for
his journey, uses everything, no matter how valuable, to
bribe the doorkeeper.

Dieser nimmt zwar alles an, aber sagt dabei:

1.21

The doorkeeper accepts everything, but says:

»Ich nehme es nur an, damit du nicht glaubst, etwas
versäumt zu haben.«

1.22

"I only accept it so that you don't think you've missed
anything."

Während der vielen Jahre beobachtet der Mann den
Türhüter fast ununterbrochen.

1.23

Over the years, the man watches the doorkeeper almost
constantly.

Er vergißt die andern Türhüter,

1.24

He forgets the other doorkeepers,

und dieser erste scheint ihm das einzige Hindernis
für den Eintritt in das Gesetz.

1.25

and this first one seems to him to be the only obstacle to
entering the law.

Er verflucht den unglücklichen Zufall, in den ersten
Jahren rücksichtslos und laut, später, als er alt wird,
brummt er nur noch vor sich hin.

1.26

He curses the unfortunate coincidence, in the early
years recklessly and loudly, later, as he grows old, he just
grumbles to himself.

1.27 Er wird kindisch, und, da er in dem jahrelangen Studium des Türhüters auch die Flöhe in seinem Pelzkragen erkannt hat, bittet er auch die Flöhe, ihm zu helfen und den Türhüter umzustimmen.

He becomes childish and, having recognized the fleas in his fur collar from years of studying the doorkeeper, he also asks the fleas to help him and change the doorkeeper's mind.

1.28 Schließlich wird sein Augenlicht schwach, und er weiß nicht, ob es um ihn wirklich dunkler wird, oder ob ihn nur seine Augen täuschen.

Eventually his eyesight weakens and he does not know whether it is really getting darker around him or whether his eyes are just deceiving him.

1.29 Wohl aber erkennt er jetzt im Dunkel einen Glanz,

However,

1.30 der unverlöschlich aus der Türe des Gesetzes bricht.

he now recognizes a glow in the darkness that breaks indelibly from the door of the law.

1.31 Nun lebt er nicht mehr lange.

Now he will not live much longer.

1.32 Vor seinem Tode sammeln sich in seinem Kopfe alle Erfahrungen der ganzen Zeit zu einer Frage,

Before his death,

1.33 die er bisher an den Türhüter noch nicht gestellt hat.

all the experiences of the whole time gather in his mind to form a question that he has not yet put to the doorkeeper.

1.34 Er winkt ihm zu,

He beckons to him,

da er seinen erstarrenden Körper nicht mehr aufrichten kann.

1.35

as he is no longer able to straighten up his stiffening body.

Der Türhüter muß sich tief zu ihm hinunterneigen,

1.36

The doorkeeper has to bend down low towards him,

denn der Größenunterschied hat sich sehr zuungunsten des Mannes verändert.

1.37

because the difference in height has changed greatly to the man's disadvantage.

»Was willst du denn jetzt noch wissen?« fragt der Türhüter,

1.38

"What more do you want to know?" asks the doorkeeper,

»du bist unersättlich.«

1.39

"you are insatiable."

»Alle streben doch nach dem Gesetz«, sagt der Mann,

1.40

"Everyone strives for the law", says the man,

»wieso kommt es, daß in den vielen Jahren niemand außer mir Einlaß verlangt hat?«

1.41

"why is it that in all these years no one but me has asked to be let in?"

Der Türhüter erkennt, daß der Mann schon an seinem Ende ist, und, um sein vergehendes Gehör noch zu erreichen, brüllt er ihn an:

1.42

The doorkeeper realizes that the man is already at his wits' end and, in order to reach his fading hearing, he yells at him:

»Hier konnte niemand sonst Einlaß erhalten,

1.43

"No one else could gain admittance here,

1.44 **denn dieser Eingang war nur für dich bestimmt.**
for this entrance was intended only for you.

1.45 **Ich gehe jetzt und schließe ihn.«**
I'm leaving now and closing it."

Erstes Leid

First Suffering

1.1 Ein Trapezkünstler –

A trapeze artist –

1.2 bekanntlich ist diese hoch in den Kuppeln der großen Varietébühnen ausgeübte Kunst eine der schwierigsten unter allen, Menschen erreichbaren –

it is well known that this art, practiced high in the domes of the great vaudeville stages, is one of the most difficult of all that can be achieved by man –

1.3 hatte, zuerst nur aus dem Streben nach Vervollkommnung, später auch aus tyrannisch gewordener Gewohnheit sein Leben derart eingerichtet, daß er, so lange er im gleichen Unternehmen arbeitete, Tag und Nacht auf dem Trapeze blieb.

had arranged his life in such a way, at first only out of the pursuit of perfection, later also out of habit that had become tyrannical, that he remained on the trapeze day and night as long as he worked in the same company.

Allen seinen, übrigens sehr geringen Bedürfnissen
wurde durch einander ablösende Diener entsprochen,
welche unten wachten und alles, was oben benötigt
wurde, in eigens konstruierten Gefäßen hinauf - und
hinabgezogen.

1.4

All his needs, which were very few by the way, were met
by servants who took turns to keep watch below, and
everything that was needed above was hauled up and down
in specially constructed containers.

Besondere Schwierigkeiten für die Umwelt ergaben
sich aus dieser Lebensweise nicht;

1.5

This way of life did not cause any particular difficulties for
those around him;

nur während der sonstigen Programmnummern war
es ein wenig störend, daß er, wie sich nicht verbergen
ließ, oben geblieben war und daß, trotzdem er sich
in solchen Zeiten meist ruhig verhielt, hie und da ein
Blick aus dem Publikum zu ihm abirrte.

1.6

only during the other program numbers was it a little
disturbing that he remained upstairs, as could not be
concealed, and that, although he usually kept quiet at such
times, a glance from the audience strayed towards him here
and there.

Doch verziehen ihm dies die Direktionen, weil er ein
außerordentlicher, unersetzlicher Künstler war.

1.7

But the directors forgave him for this because he was an
extraordinary, irreplaceable artist.

1.8 Auch sah man natürlich ein, daß er nicht aus Mutwillen so lebte, und eigentlich nur so sich in dauernder Übung erhalten, nur so seine Kunst in ihrer Vollkommenheit bewahren konnte.

Of course, it was also recognized that he did not live this way out of wantonness, and that this was the only way he could keep himself in constant practice and preserve his art in its perfection.

2.1 Doch war es oben auch sonst gesund, und wenn in der wärmeren Jahreszeit in der ganzen Runde der Wölbung die Seitenfenster aufgeklappt wurden und mit der frischen Luft die Sonne mächtig in den dämmernden Raum eindrang, dann war es dort sogar schön.

But it was also otherwise healthy up there, and when the side windows were opened in the entire round of the vault in the warmer months of the year and the sun penetrated powerfully into the twilight room with the fresh air, then it was even beautiful there.

Freilich, sein menschlicher Verkehr war   2.2
eingeschränkt, nur manchmal kletterte auf der
Strickleiter ein Turnerkollege zu ihm hinauf, dann
saßen sie beide auf dem Trapez, lehnten rechts
und links an den Haltestricken und plauderten,
oder es verbesserten Bauarbeiter das Dich und
wechselten einige Worte mit ihm durch ein offenes
Fenster, oder es überprüfte der Feuerwehrmann
die Notbeleuchtung auf der obersten Galerie
und rief ihm etwas Respektvolles, aber wenig
Verständliches zu.

Of course, his human traffic was limited, only sometimes a
fellow gymnast climbed up to him on the rope ladder, then
they both sat on the trapeze, leaning on the handrails to
the right and left and chatting, or construction workers
improved the dich and exchanged a few words with
him through an open window, or the fireman checked
the emergency lighting on the top gallery and shouted
something respectful but not very intelligible to him.

Sonst blieb es um ihn still;   2.3

Otherwise it remained quiet around him;

nachdenklich sah nur manchmal irgendein   2.4
Angestellter, der sich etwa am Nachmittag in das
leere Theater verirrte, in die dem Blick sich fast
entziehende Höhe empor, wo der Trapezkünstler,
ohne wissen zu können, daß jemand ihn beobachtete,
seine Künste trieb oder ruhte.

only occasionally some employee, who strayed into the
empty theater in the afternoon, looked thoughtfully up
into the almost hidden height, where the trapeze artist,
without knowing that anyone was watching him, was
doing his art or resting.

3.1 So hätte der Trapezkünstler ungestört leben können, wären nicht die unvermeidlichen Reisen von Ort zu Ort gewesen, die ihm äußerst lästig waren.

Thus the trapeze artist could have lived undisturbed, had it not been for the unavoidable journeys from place to place, which were extremely inconvenient for him.

3.2 Zwar sorgte der Impresario dafür, daß der Trapezkünstler von jeder unnötigen Verlängerung seiner Leiden verschont blieb:

The impresario made sure that the trapeze artist was spared any unnecessary prolongation of his suffering:

3.3 für die Fahrten in den Städten benützte man Rennautomobile, mit denen man, womöglich in der Nacht oder in den frühesten Morgenstunden, durch die menschenleeren Straßen mit letzter Geschwindigkeit jagte, aber freilich zu langsam für des Trapezkünstlers Sehnsucht;

for the journeys in the cities racing automobiles were used, in which, possibly at night or in the earliest hours of the morning, one chased through the deserted streets at top speed, but admittedly too slowly for the trapeze artist's longing;

3.4 im Eisenbahnzug war ein ganzes Kupee bestellt, in welchem der Trapezkünstler, zwar in kläglichem, aber doch irgendeinem Ersatz seiner sonstigen Lebensweise die Fahrt oben im Gepäcknetz zubrachte;

in the railroad train a whole cupee was ordered, in which the trapeze artist spent the journey up in the luggage net, admittedly in pitiful, but nevertheless some substitute for his other way of life;

im nächsten Gastspielort war im Theater lange 3.5
vor der Ankunft des Trapezkünstlers das Trapez
schon an seiner Stelle, auch waren alle zum
Theaterraum führenden Türen weit geöffnet, alle
Gänge freigehalten –

in the next guest performance venue, the trapeze was
already in place in the theater long before the trapeze artist
arrived, all the doors leading to the theater were wide open,
all the aisles were kept clear –

aber es waren doch immer die schönsten Augenblicke 3.6
im Leben des Impresario, wenn der Trapezkünstler
dann den Fuß auf die Strickleiter setzte und im Nu,
endlich, wieder oben an seinem Trapeze hing.

but it was always the most beautiful moments in the life
of the impresario when the trapeze artist then set foot on
the rope ladder and in a flash, finally, hung back up on his
trapeze.

So viele Reisen nun auch schon dem Impresario 4.1
geglückt waren, jede neue war ihm doch wieder
peinlich, denn die Reisen waren, von allem anderen
abgesehen, für die Nerven des Trapezkünstlers
jedenfalls zerstörend.

As many trips as the impresario had already succeeded in
making, each new one was embarrassing for him, because,
apart from anything else, the trips were destructive for the
trapeze artist's nerves.

5.1 So fuhren sie wieder einmal miteinander, der
Trapezkünstler lag im Gepäcknetz und träumte,
der Impresario lehnte in der Fensterecke gegenüber
und las ein Buch, da redete ihn der Trapezkünstler
leise an.

Once again, they were traveling together, the trapeze artist
was lying in the luggage net and dreaming, the impresario
was leaning in the corner of the window opposite, reading a
book, when the trapeze artist spoke to him quietly.

5.2 Der Impresario war gleich zu seinen Diensten.

The impresario was immediately at his service.

5.3 Der Trapezkünstler sagte, die Lippen beißend, er
müsse jetzt für sein Turnen, statt des bisherigen
einen, immer zwei Trapeze haben, zwei Trapeze
einander gegenüber.

The trapeze artist said, biting his lips, that he now had to
have two trapezes for his gymnastics, two trapezes opposite
each other, instead of the previous one.

5.4 Der Impresario war damit sofort einverstanden.

The impresario immediately agreed.

5.5 Der Trapezkünstler aber, so als wolle er es zeigen,
daß hier die Zustimmung des Impresario ebenso
bedeutungslos sei, wie es etwa sein Widerspruch
wäre, sagte, daß er nun niemals mehr und unter
keinen Umständen nur auf einem Trapez turnen
werde.

But the trapeze artist, as if to show that the impresario's
agreement was as meaningless as his objection, said that he
would never again, under any circumstances, perform on
only one trapeze.

5.6 Unter der Vorstellung, daß es vielleicht doch einmal
geschehen könnte, schien er zu schaudern.

He seemed to shudder at the idea that it might happen.

Der Impresario erklärte, zögernd und beobachtend, nochmals sein volles Einverständnis, zwei Trapeze seien besser als eines, auch sonst sei diese neue Einrichtung vorteilhaft, sie mache die Produktion abwechslungsreicher. 5.7

The impresario, hesitating and observing, once again declared his full agreement that two trapezes were better than one, and that this new arrangement was also advantageous in other respects, as it made the production more varied.

Da fing der Trapezkünstler plötzlich zu weinen an. 5.8

Then the trapeze artist suddenly began to cry.

Tief erschrocken sprang der Impresario auf und fragte, was denn geschehen sei, und da er keine Antwort bekam, stieg er auf die Bank, streichelte ihn und drückte sein Gesicht an das eigene, so daß er auch von des Trapezkünstlers Tränen überflossen wurde. 5.9

Deeply shocked, the impresario jumped up and asked what had happened, and as he received no answer, he climbed onto the bench, stroked him and pressed his face to his own, so that the trapeze artist's tears overflowed.

Aber erst nach vielen Fragen und Schmeichelworten sagte der Trapezkünstler schluchzend: 5.10

But it was only after many questions and words of flattery that the trapeze artist said, sobbing:

»Nur diese eine Stange in den Händen – 5.11

"Just this one bar in my hands –

wie kann ich denn leben!« 5.12

how can I live!"

246

5.13 Nun war es dem Impresario schon leichter, den Trapezkünstler zu trösten; er versprach, gleich aus der nächsten Station an den nächsten Gastspielort wegen des zweiten Trapezes zu telegraphieren; machte sich Vorwürfe, daß er den Trapezkünstler so lange Zeit nur auf einem Trapez hatte arbeiten lassen, und dankte ihm und lobte ihn sehr, daß er endlich auf den Fehler aufmerksam gemacht hatte.

Now it was easier for the impresario to comfort the trapeze artist; he promised to telegraph from the next station to the next venue for the second trapeze, reproached himself for having let the trapeze artist work on only one trapeze for so long, and thanked and praised him for finally pointing out the mistake.

5.14 So gelang es dem Impresario, den Trapezkünstler langsam zu beruhigen, und er konnte wieder zurück in seine Ecke gehen.

The impresario slowly managed to calm the trapeze artist down and he was able to go back to his corner.

5.15 Er selbst aber war nicht beruhigt, mit schwerer Sorge betrachtete er heimlich über das Buch hinweg den Trapezkünstler.

But he himself was not reassured; he secretly looked at the trapeze artist over the book with grave concern.

5.16 Wenn ihn einmal solche Gedanken zu quälen begannen,

Once such thoughts began to torment him,

5.17 konnten sie je gänzlich aufhören?

could they ever stop completely?

5.18 Mußten sie sich nicht immerfort steigern?

Didn't they have to keep increasing?

Waren sie nicht existenzbedrohend? 5.19

Didn't they threaten his very existence?

Und wirklich glaubte der Impresario zu sehn, wie 5.20
jetzt im scheinbar ruhigen Schlaf, in welchen
das Weinen geendet hatte, die ersten Falten auf
des Trapezkünstlers glatter Kinderstirn sich
einzuzeichnen begannen.

And the impresario really did believe he could see the first
wrinkles beginning to appear on the trapeze artist's smooth
forehead in the seemingly peaceful sleep into which the
weeping had ended.

Eine kleine Frau

A Little Woman

1.1 Es ist eine kleine Frau; von Natur aus recht schlank,
She is a small woman; naturally quite slender,

1.2 ist sie doch stark geschnürt;
she is nevertheless heavily laced;

1.3 ich sehe sie immer im gleichen Kleid, es ist aus
gelblich – grauem, gewissermaßen holzfarbigem
Stoff und ist ein wenig mit Troddeln oder
knopfartigen Behängen von gleicher Farbe versehen;
I always see her in the same dress, it is made of yellowish-
grey, as it were wood-colored fabric and is decorated a little
with tassels or button-like hangings of the same color;

1.4 sie ist immer ohne Hut, ihr stumpf-blondes Haar
ist glatt und nicht unordentlich, aber sehr locker
gehalten.
she is always without a hat, her dull blond hair is straight
and not untidy, but kept very loose.

Trotzdem sie geschnürt ist, ist sie doch leicht 1.5
beweglich, sie übertreibt freilich diese Beweglichkeit,
gern hält sie die Hände in den Hüften und wendet
den Oberkörper mit einem Wurf überraschend
schnell seitlich.

Even though she is laced up, she is still slightly agile,
although she exaggerates this agility, likes to hold her
hands on her hips and turns her upper body sideways
surprisingly quickly with a throw.

Den Eindruck, den ihre Hand auf mich macht, kann 1.6
ich nur wiedergeben, wenn ich sage, daß ich noch
keine Hand gesehen habe, bei der die einzelnen
Finger derart scharf voneinander abgegrenzt wären,
wie bei der ihren;

I can only describe the impression her hand makes on
me by saying that I have never seen a hand in which the
individual fingers are so sharply separated from each other
as in hers;

doch hat ihre Hand keineswegs irgendeine 1.7
anatomische Merkwürdigkeit,

but her hand has no anatomical peculiarity whatsoever,

es ist eine völlig normale Hand. 1.8

it is a completely normal hand.

Diese kleine Frau nun ist mit mir sehr unzufrieden, 2.1
immer hat sie etwas an mir auszusetzen, immer
geschieht ihr Unrecht von mir, ich ärgere sie auf
Schritt und Tritt;

Now this little woman is very unhappy with me, she always
finds fault with me, she is always wronged by me, I annoy
her at every turn;

2.2 **wenn man das Leben in allerkleinste Teile teilen und jedes Teilchen gesondert beurteilen könnte,**

if one could divide life into the smallest parts and judge each part separately,

2.3 **wäre gewiß jedes Teilchen meines Lebens für sie ein Ärgernis.**

every part of my life would certainly be an annoyance to her.

2.4 **Ich habe oft darüber nachgedacht, warum ich sie denn so ärgere;**

I have often thought about why I annoy her so much;

2.5 **mag sein, daß alles an mir ihrem Schönheitssinn, ihrem Gerechtigkeitsgefühl, ihren Gewohnheiten, ihren Überlieferungen, ihren Hoffnungen widerspricht, es gibt derartige einander widersprechende Naturen, aber warum leidet sie so sehr darunter?**

it may be that everything about me contradicts her sense of beauty, her sense of justice, her habits, her traditions, her hopes, there are such contradictory natures, but why does she suffer so much?

2.6 **Es besteht ja gar keine Beziehung zwischen uns, die sie zwingen würde, durch mich zu leiden.**

There is no relationship between us that would force her to suffer through me.

Sie müßte sich nur entschließen, mich als völlig
Fremden anzusehn, der ich ja auch bin und der ich
gegen einen solchen Entschluß mich nicht wehren,
sondern ihn sehr begrüßen würde, sie müßte sich
nur entschließen, meine Existenz zu vergessen, die
ich ihr ja niemals aufgedrängt habe oder aufdrängen
würde –

2.7

She would only have to make up her mind to regard me as
a complete stranger, which I am, and which I would not
oppose, but would very much welcome; she would only
have to make up her mind to forget my existence, which I
have never forced upon her or would force upon her –

und alles Leid wäre offenbar vorüber.

2.8

and all suffering would obviously be over.

Ich sehe hiebei ganz von mir ab und davon, daß ihr
Verhalten natürlich auch mir peinlich ist, ich sehe
davon ab, weil ich ja wohl erkenne, daß alle diese
Peinlichkeit nichts ist im Vergleich mit ihrem Leid.

2.9

In this, I completely disregard myself and the fact that her
behaviour is of course also embarrassing to me, I disregard
it because I realize that all this embarrassment is nothing
compared to her suffering.

Wobei ich mir allerdings durchaus dessen bewußt
bin, daß es kein liebendes Leid ist;

2.10

Although I am quite aware that it is not a loving suffering;

es liegt ihr gar nichts daran, mich wirklich zu
bessern, zumal ja auch alles, was sie an mir aussetzt,
nicht von einer derartigen Beschaffenheit ist, daß
mein Fortkommen dadurch gestört würde.

2.11

she is not at all interested in really improving me,
especially as everything she exposes in me is not of such
a nature that it would disturb my progress.

2.12 Aber mein Fortkommen kümmert sie eben
auch nicht, sie kümmert nichts anderes als ihr
persönliches Interesse, nämlich die Qual zu rächen,
die ich ihr bereite, und die Qual, die ihr in Zukunft
von mir droht, zu verhindern.

But she doesn't care about my progress either, she cares
about nothing other than her personal interest, namely to
avenge the torment I cause her and to prevent the torment I
threaten her with in the future.

2.13 Ich habe schon einmal versucht, sie darauf
hinzuweisen, wie diesem fortwährenden Ärger
am besten ein Ende gemacht werden könnte, doch
habe ich sie gerade dadurch in eine derartige
Aufwallung gebracht, daß ich den Versuch nicht
mehr wiederholen werde.

I have already tried once to point out to her how best to put
an end to this perpetual anger, but I have made her so upset
that I will not repeat the attempt.

3.1 Auch liegt ja, wenn man will, eine gewisse
Verantwortung auf mir, denn so fremd mir die kleine
Frau auch ist, und so sehr die einzige Beziehung,
die zwischen uns besteht, der Ärger ist, den ich
ihr bereite, oder vielmehr der Ärger, den sie sich
von mir bereiten läßt, dürfte es mir doch nicht
gleichgültig sein, wie sie sichtbar unter diesem Ärger
auch körperlich leidet.

There is also, if you like, a certain responsibility on me,
for as strange as the little woman is to me, and as much as
the only relationship that exists between us is the trouble
that I cause her, or rather the trouble that she lets me cause
her, I should not be indifferent to how she visibly suffers
physically from this trouble.

Es kommen hie und da, sich mehrend in letzter   3.2
Zeit, Nachrichten zu mir, daß sie wieder einmal
am Morgen bleich, übernächtig, von Kopfschmerzen
gequält und fast arbeitsunfähig gewesen sei;
Every now and then, more and more lately, I have received
news that she has once again been pale in the morning,
over-light, tormented by headaches and almost unable to
work;

sie macht damit ihren Angehörigen Sorgen,   3.3
she is worrying her relatives with this,

man rät hin und her nach den Ursachen ihres   3.4
Zustandes und hat sie bisher noch nicht gefunden.
people are puzzling over the causes of her condition and
have not yet found them.

Ich allein kenne sie, es ist der alte und immer neue   3.5
Ärger.
I alone know her; it's the same old trouble, but always new.

Nun teile ich freilich die Sorgen ihrer Angehörigen   3.6
nicht;
Now, of course, I do not share the worries of her relatives;

sie ist stark und zäh;   3.7
she is strong and tough;

wer sich so zu ärgern vermag, vermag   3.8
wahrscheinlich auch die Folgen des Ärgers zu
überwinden;
anyone who is able to be so angry is probably also able to
overcome the consequences of anger;

ich habe sogar den Verdacht, daß sie sich –   3.9
I even suspect that she is only pretending to be suffering –

3.10 **wenigstens zum Teil –**

at least in part –

3.11 **nur leidend stellt, um auf diese Weise den Verdacht der Welt auf mich hinzulenken.**

in order to divert the suspicion of the world towards me in this way.

3.12 **Offen zu sagen, wie ich sie durch mein Dasein quäle, ist sie zu stolz;**

She is too proud to say openly how I torment her by my existence;

3.13 **an andere meinetwegen zu appellieren, würde sie als eine Herabwürdigung ihrer selbst empfinden;**

to appeal to others on my account would be seen by her as a degradation of herself;

3.14 **nur aus Widerwillen, aus einem nicht aufhörenden, ewig sie antreibenden Widerwillen beschäftigt sie sich mit mir;**

she only deals with me out of reluctance, out of a reluctance that never ceases to drive her on;

3.15 **diese unreine Sache auch noch vor der Öffentlichkeit zu besprechen, das wäre für ihre Scham zu viel.**

to discuss this impure matter in public would be too much for her shame.

3.16 **Aber es ist doch auch zu viel, von der Sache ganz zu schweigen, unter deren unaufhörlichem Druck sie steht.**

But it is also too much, not to mention the matter under whose incessant pressure she is.

Und so versucht sie in ihrer Frauenschlauheit einen Mittelweg; 3.17

And so, in her womanly shrewdness, she tries a middle course;

schweigend, nur durch die äußern Zeichen eines geheimen Leides will sie die Angelegenheit vor das Gericht der Öffentlichkeit bringen. 3.18

in silence, with only the outward signs of secret suffering, she wants to bring the matter before the court of public opinion.

Vielleicht hofft sie sogar, daß, wenn die Öffentlichkeit einmal ihren vollen Blick auf mich richtet, ein allgemeiner öffentlicher Ärger gegen mich entstehen und mit seinen großen Machtmitteln mich bis zur vollständigen Endgültigkeit viel kräftiger und schneller richten wird, als es ihr verhältnismäßig doch schwacher privater Ärger imstande ist; 3.19

Perhaps she even hopes that, once the public has turned its full gaze on me, a general public anger will arise against me and, with its great means of power, will judge me much more powerfully and quickly, until complete finality, than her relatively weak private anger is capable of;

dann aber wird sie sich zurückziehen, 3.20

but then she will withdraw,

aufatmen und mir den Rücken kehren. 3.21

breathe a sigh of relief and turn her back on me.

Nun, sollten dies wirklich ihre Hoffnungen sein, so täuscht sie sich. 3.22

Well, if these are really her hopes, she is mistaken.

3.23 Die Öffentlichkeit wird nicht ihre Rolle übernehmen;
The public will not take over her role;

3.24 die Öffentlichkeit wird niemals so unendlich viel an mir auszusetzen haben,
the public will never find so much fault with me,

3.25 auch wenn sie mich unter ihre stärkste Lupe nimmt.
even if it does scrutinize me closely.

3.26 Ich bin kein so unnützer Mensch, wie sie glaubt; ich will mich nicht rühmen und besonders nicht in diesem Zusammenhang; wenn ich aber auch nicht durch besondere Brauchbarkeit ausgezeichnet sein sollte, werde ich doch auch gewiß nicht gegenteilig auffallen; nur für sie, für ihre fast weißstrahlenden Augen bin ich so, niemanden andern wird sie davon überzeugen können.
I am not such a useless person as she thinks; I do not want to boast, and especially not in this connection; but even if I should not be distinguished by any particular usefulness, I shall certainly not stand out to the contrary; I am so only to her, to her almost whiteshining eyes; no one else will be able to convince her of it.

3.27 Also könnte ich in dieser Hinsicht völlig beruhigt sein? Nein,
So could I be completely reassured in this respect? No,

3.28 doch nicht;
not at all;

denn wenn es wirklich bekannt wird, daß ich sie
geradezu krank mache durch mein Benehmen, und
einige Aufpasser, eben die fleißigsten Nachrichten-
Überbringer, sind schon nahe daran, es zu
durchschauen oder sie stellen sich wenigstens so,
als durchschauten sie es, und es kommt die Welt
und wird mir die Frage stellen, warum ich denn die
arme kleine Frau durch meine Unverbesserlichkeit
quäle und ob ich sie etwa bis in den Tod zu treiben
beabsichtige und wann ich endlich die Vernunft und
das einfache menschliche Mitgefühl haben werde,
damit aufzuhören –

for if it really becomes known that I am making her ill by
my behavior, and some watchers, the most diligent bearers
of news, are already close to seeing through it, or at least
pretending to see through it, and the world will come and
ask me the question, why I am torturing the poor little
woman with my incorrigibility and whether I intend to
drive her to her death and when I will finally have the sense
and simple human compassion to stop –

wenn mich die Welt so fragen wird, es wird schwer
sein, ihr zu antworten.

if the world asks me that, it will be difficult to answer.

Soll ich dann eingestehn, daß ich an jene
Krankheitszeichen nicht sehr glaube und soll ich
damit den unangenehmen Eindruck hervorrufen,
daß ich, um von einer Schuld loszukommen, andere
beschuldige und gar in so unfeiner Weise?

Shall I then confess that I do not very much believe in those
signs of illness, and shall I thereby create the unpleasant
impression that, in order to get rid of a guilt, I am accusing
others, and even in such an indelicate manner?

3.32 Und könnte ich etwa gar offen sagen, daß ich, selbst wenn ich an ein wirkliches Kranksein glaubte, nicht das geringste Mitgefühl hätte, da mir ja die Frau völlig fremd ist und die Beziehung, die zwischen uns besteht, nur von ihr hergestellt ist und nur von ihrer Seite aus besteht.

And could I even say openly that, even if I believed in a real illness, I would not have the slightest sympathy, since the woman is a complete stranger to me and the relationship that exists between us is only established by her and only exists from her side.

3.33 Ich will nicht sagen, daß man mir nicht glauben würde;

I do not mean to say that I would not be believed;

3.34 man würde mir vielmehr weder glauben noch nicht glauben;

on the contrary, I would neither be believed nor disbelieved;

3.35 man käme gar nicht so weit, daß davon die Rede sein könnte;

one would not even get so far as to speak of it;

3.36 man würde lediglich die Antwort registrieren, die ich hinsichtlich einer schwachen, kranken Frau gegeben habe, und das wäre wenig günstig für mich.

one would merely register the answer I gave in regard to a weak, sick woman, and that would not be very favorable to me.

Hier wie bei jeder andern Antwort wird mir eben hartnäckig in die Quere kommen die Unfähigkeit der Welt, in einem Fall wie diesem den Verdacht einer Liebesbeziehung nicht aufkommen zu lassen, trotzdem es bis zur äußersten Deutlichkeit zutage liegt, daß eine solche Beziehung nicht besteht und daß, wenn sie bestehen würde, sie eher noch von mir ausginge, der ich tatsachlich die kleine Frau in der Schlagkraft ihres Urteils und der Unermüdlichkeit ihrer Folgerungen immerhin zu bewundern fähig wäre, wenn ich nicht eben durch ihre Vorzüge immerfort gestraft würde.

3.37

Here, as in every other answer, the inability of the world to prevent the suspicion of a love affair from arising in a case like this will stubbornly get in my way, although it is abundantly clear that such an affair does not exist, and that, if it did exist, it would be more likely to emanate from me, who would in fact be able to admire the little woman in the force of her judgment and the indefatigability of her conclusions, if I were not constantly punished by her merits.

Bei ihr aber ist jedenfalls keine Spur einer freundlichen Beziehung zu mir vorhanden;

3.38

But in any case there is no trace of a friendly relationship with me;

darin ist sie aufrichtig und wahr;

3.39

in this she is sincere and true;

darauf ruht meine letzte Hoffnung;

3.40

on this rests my last hope;

3.41 nicht einmal, wenn es in ihren Kriegsplan passen würde, an eine solche Beziehung zu mir glauben zu machen, würde sie sich soweit vergessen, etwas derartiges zu tun.

not even if it would fit into her war plan to believe in such a relationship with me would she forget herself enough to do anything of the kind.

3.42 Aber die in dieser Richtung völlig stumpfe Öffentlichkeit wird bei ihrer Meinung bleiben und immer gegen mich entscheiden.

But the public, completely obtuse in this direction, will stick to its opinion and always decide against me.

4.1 So bliebe mir eigentlich doch nur übrig, rechtzeitig, ehe die Welt eingreift, mich soweit zu ändern, daß ich den Ärger der kleinen Frau nicht etwa beseitige, was undenkbar ist, aber doch ein wenig mildere.

So the only thing left for me to do is to change myself in time, before the world intervenes, so that I don't eliminate the little woman's anger, which is unthinkable, but at least soften it a little.

4.2 Und ich habe mich tatsächlich öfters gefragt, ob mich denn mein gegenwärtiger Zustand so befriedige, daß ich ihn gar nicht ändern wolle, und ob es denn nicht möglich wäre, gewisse Änderungen an mir vorzunehmen, auch wenn ich es nicht täte, weil ich von ihrer Notwendigkeit überzeugt wäre, sondern nur, um die Frau zu besänftigen.

And I have indeed often asked myself whether my present state satisfied me so much that I did not want to change it, and whether it would not be possible to make certain changes in myself, even if I did not do so because I was convinced of their necessity, but only to appease the woman.

Und ich habe es ehrlich versucht, nicht ohne Mühe und Sorgfalt, es entsprach mir sogar, es belustigte mich fast;   4.3

And I honestly tried, not without effort and care, it even suited me, it almost amused me;

einzelne Änderungen ergaben sich, waren weithin sichtbar, ich mußte die Frau nicht auf sie aufmerksam machen, sie merkt alles derartige früher als ich, sie merkt schon den Ausdruck der Absicht in meinem Wesen;   4.4

individual changes came about, were visible from afar, I did not have to draw the woman's attention to them, she notices everything like that earlier than I do, she already notices the expression of intention in my nature;

aber ein Erfolg war mir nicht beschieden.   4.5

but I was not successful.

Wie wäre es auch möglich?   4.6

How could it be possible?

Ihre Unzufriedenheit mit mir ist ja, wie ich jetzt schon einsehe, eine grundsätzliche;   4.7

Her dissatisfaction with me is, as I now realize, a fundamental one;

nichts kann sie beseitigen,   4.8

nothing can remove it,

nicht einmal die Beseitigung meiner selbst;   4.9

not even the removal of myself;

ihre Wutanfälle etwa bei der Nachricht meines Selbstmordes wären grenzenlos.   4.10

her fits of rage at the news of my suicide, for instance, would be boundless.

4.11 Nun kann ich mir nicht vorstellen, daß sie, diese
scharfsinnige Frau, dies nicht ebenso einsieht
wie ich, und zwar sowohl die Aussichtslosigkeit
ihrer Bemühungen als auch meine Unschuld,
meine Unfähigkeit, selbst bei bestem Willen ihren
Forderungen zu entsprechen.

Now I cannot imagine that she, this astute woman, does
not realize this as well as I do, both the hopelessness of her
efforts and my innocence, my inability, even with the best
will in the world, to meet her demands.

4.12 Gewiß sieht sie es ein, aber als Kämpfernatur vergißt
sie es in der Leidenschaft des Kampfes, und meine
unglückliche Art, die ich aber nicht anders wählen
kann, denn sie ist mir nun einmal so gegeben, besteht
darin, daß ich jemandem, der außer Rand und Band
geraten ist, eine leise Mahnung zuflüstern will.

Certainly she realizes it, but as a fighter she forgets it in
the passion of the fight, and my unfortunate way, which I
cannot choose otherwise, for it is given to me, is to whisper
a gentle warning to someone who is out of control.

4.13 Auf diese Weise werden wir uns natürlich nie
verständigen.

Of course, we will never communicate in this way.

Immer wieder werde ich etwa im Glück der ersten
Morgenstunden aus dem Hause treten und dieses
um meinetwillen vergrämte Gesicht sehn, die
verdrießlich aufgestülpten Lippen, den prüfenden
und schon vor der Prüfung das Ergebnis kennenden
Blick, der über mich hinfährt und dem selbst
bei größter Flüchtigkeit nichts entgehen kann,
das bittere in die mädchenhafte Wange sich
einbohrende Lächeln, das klagende Aufschauen
zum Himmel, das Einlegen der Hände in die Hüften,
um sich zu festigen, und dann in der Empörung das
Bleichwerden und Erzittern.

4.14

Again and again I shall step out of the house in the
happiness of the first hours of the morning and see that
face, grim for my own sake, the lips turned up glumly,
the scrutinizing glance, knowing the result even before
the examination, which passes over me and from which
nothing can escape even the most fleeting glance, the bitter
smile boring into the girlish cheek, the plaintive look up
to heaven, the placing of the hands on the hips to steady
oneself, and then the paling and trembling in indignation.

Letzthin machte ich, überhaupt zum erstenmal, wie
ich mir bei dieser Gelegenheit erstaunt eingestand,
einem guten Freund einige Andeutungen von dieser
Sache, nur nebenbei, leicht, mit ein paar Worten, ich
drückte die Bedeutung des Ganzen, so klein sie für
mich nach außen hin im Grunde ist, noch ein wenig
unter die Wahrheit hinab.

5.1

Recently, for the first time ever, as I admitted to myself
with astonishment on this occasion, I made a few allusions
to this matter to a good friend, only in passing, lightly, in
a few words, pushing the significance of the whole thing,
small as it is for me outwardly, a little below the truth.

5.2 Sonderbar, daß der Freund dennoch nicht darüber hinweghörte, ja sogar aus eigenem der Sache an Bedeutung hinzugab, sich nicht ablenken ließ und dabei verharrte.

It is strange that my friend did not ignore it, that he even added to its importance of his own accord, that he did not allow himself to be distracted and persisted.

5.3 Noch sonderbarer allerdings, daß er trotzdem in einem entscheidenden Punkt die Sache unterschätzte, denn er riet mir ernstlich, ein wenig zu verreisen.

Stranger still, however, that he nevertheless underestimated the matter in one decisive point, for he earnestly advised me to go away for a while.

5.4 Kein Rat könnte unverständiger sein;

No advice could be more incomprehensible;

5.5 die Dinge liegen zwar einfach, jeder kann sie, wenn er näher hinzutritt, durchschauen, aber so einfach sind sie doch auch nicht, daß durch mein Wegfahren alles oder auch nur das Wichtigste in Ordnung käme.

things are indeed simple, anyone can see through them if he comes closer, but they are not so simple that my going away would put everything or even the most important things in order.

5.6 Im Gegenteil, vor dem Wegfahren muß ich mich vielmehr hüten;

On the contrary, I have to be careful not to drive away;

wenn ich überhaupt irgendeinen Plan befolgen soll, 5.7
dann jedenfalls den, die Sache in ihren bisherigen,
engen, die Außenwelt noch nicht einbeziehenden
Grenzen zu halten, also ruhig zu bleiben, wo ich bin,
und keine großen, durch diese Sache veranlagten,
auffallenden Veränderungen zuzulassen, wozu auch
gehört, mit niemandem davon zu sprechen, aber dies
alles nicht deshalb, weil es irgendein gefährliches
Geheimnis wäre, sondern deshalb, weil es eine
kleine, rein persönliche und als solche immerhin
leicht zu tragende Angelegenheit ist und weil sie
dieses auch bleiben soll.

If I am to follow any plan at all, it must be to keep the
matter within its present narrow limits, which do not yet
include the outside world, i.e. to remain quietly where
I am, and not to allow any great conspicuous changes
brought about by this matter, which also includes not
speaking of it to anyone, but all this not because it would
be any dangerous secret, but because it is a small, purely
personal matter and as such easy to bear, and because it
should remain so.

Darin waren die Bemerkungen des Freundes doch 5.8
nicht ohne Nutzen, sie haben mich nichts Neues
gelehrt, aber mich in meiner Grundansicht bestärkt.

My friend's comments were not without benefit in this
respect; they didn't teach me anything new, but they
reinforced my basic view.

6.1 **Wie es sich ja überhaupt bei genauerem Nachdenken zeigt, daß die Veränderungen, welche die Sachlage im Laufe der Zeit erfahren zu haben scheint, keine Veränderungen der Sache selbst sind, sondern nur die Entwicklung meiner Anschauung von ihr, insofern, als diese Anschauung teils ruhiger, männlicher wird, dem Kern näher kommt, teils allerdings auch unter dem nicht zu verwindenden Einfluß der fortwährenden Erschütterungen, seien diese auch noch so leicht, eine gewisse Nervosität annimmt.**

Just as, on closer reflection, it becomes apparent that the changes which the situation seems to have undergone in the course of time are not changes in the matter itself, but only the development of my view of it, inasmuch as this view becomes partly calmer, more masculine, comes closer to the core, but partly also takes on a certain nervousness under the influence of the constant shocks, however slight, which cannot be overcome.

7.1 **Ruhiger werde ich der Sache gegenüber, indem ich zu erkennen glaube, daß eine Entscheidung, so nahe sie manchmal bevorzustehen scheint, doch wohl noch nicht kommen wird;**

I become calmer towards the matter, in that I think I realize that a decision, as close as it sometimes seems to be, will probably not yet come;

7.2 **man ist leicht geneigt, besonders in jungen Jahren, das Tempo, in dem Entscheidungen kommen, sehr zu überschätzen;**

one is easily inclined, especially at a young age, to greatly overestimate the speed at which decisions come;

wenn einmal meine kleine Richterin, schwach   7.3
geworden durch meinen Anblick, seitlich in
den Sessel sank, mit der einen Hand sich an der
Rückenlehne festhielt, mit der anderen an ihrem
Schnürleib nestelte, und Tränen des Zornes und
der Verzweiflung ihr die Wangen hinabrollten,
dachte ich immer, nun sei die Entscheidung da
und gleich würde ich vorgerufen werden, mich zu
verantworten.

When once my little judge, weakened by the sight of me,
sank sideways into the armchair, holding on to the backrest
with one hand and fiddling with her laces with the other,
tears of anger and despair rolling down her cheeks, I always
thought that the decision had now been made and that I
would soon be summoned to answer for myself.

Aber nichts von Entscheidung, nichts von   7.4
Verantwortung, Frauen wird leicht übel, die Welt
hat nicht Zeit, auf alle Fälle aufzupassen.

But nothing of decision, nothing of responsibility, women
get sick easily, the world doesn't have time to keep an eye
on everything.

Und was ist denn eigentlich in all den Jahren   7.5
geschehn?

And what has actually happened in all these years?

Nichts weiter, als daß sich solche Fälle wiederholten,   7.6
einmal stärker, einmal schwächer, und daß nun also
ihre Gesamtzahl größer ist.

Nothing more than that such cases were repeated,
sometimes more, sometimes less, and that now their total
number is greater.

7.7 Und daß Leute sich in der Nähe herumtreiben und gern eingreifen würden, wenn sie eine Möglichkeit dazu finden würden;

And that people hang around in the vicinity and would like to intervene if they could find a way to do so;

7.8 aber sie finden keine, bisher verlassen sie sich nur auf ihre Witterung, und Witterung allein genügt zwar, um ihren Besitzer reichlich zu beschäftigen, aber zu anderem taugt sie nicht.

but they can't find one, so far they've only relied on their scent, and scent alone is enough to keep its owner amply occupied, but it's no good for anything else.

7.9 So aber war es im Grunde immer, immer gab es diese unnützen Eckensteher und Lufteinatmer, welche ihre Nähe immer auf irgendeine überschlaue Weise, am liebsten durch Verwandtschaft, entschuldigten, immer haben sie aufgepaßt, immer haben sie die Nase voll Witterung gehabt, aber das Ergebnis alles dessen ist nur, daß sie noch immer dastehn.

But it has always been like this, there have always been these useless corner-stealers and air-breathers, who have always excused their proximity in some over-clever way, preferably by kinship, they have always watched out, they have always had their nose full of scent, but the result of all this is only that they are still standing there.

7.10 Der ganze Unterschied besteht darin, daß ich sie allmählich erkannt habe, ihre Gesichter unterscheide;

The whole difference is that I have gradually come to recognize them, to distinguish their faces;

früher habe ich geglaubt, sie kämen allmählich
von überall her zusammen, die Ausmaße der
Angelegenheit vergrößerten sich und würden von
selbst die Entscheidung erzwingen; 7.11

I used to believe that they were gradually coming together
from everywhere, that the dimensions of the matter were
increasing and would force the decision by themselves;

heute glaube ich zu wissen, daß das alles von
altersher da war und mit dem Herankommen der
Entscheidung sehr wenig oder nichts zu tun hat. 7.12

today I think I know that all this was there from time
immemorial and has very little or nothing to do with the
approach of the decision.

Und die Entscheidung selbst, 7.13

And the decision itself,

warum benenne ich sie mit einem so großen Wort? 7.14

why do I call it such a big word?

Wenn es einmal – 7.15

If it should ever come to pass –

und gewiß nicht morgen und übermorgen und
wahrscheinlich niemals – 7.16

and certainly not tomorrow or the day after tomorrow and
probably never –

7.17 dazu kommen sollte, daß sich die Öffentlichkeit doch mit dieser Sache, für die sie, wie ich immer wiederholen werde, nicht zuständig ist, beschäftigt, werde ich zwar nicht unbeschädigt aus dem Verfahren hervorgehen, aber es wird doch wohl in Betracht gezogen werden, daß ich der Öffentlichkeit nicht unbekannt bin, in ihrem vollen Licht seit jeher lebe, vertrauensvoll und Vertrauen verdienend, und daß deshalb diese nachträglich hervorgekommene leidende kleine Frau, die nebenbei bemerkt ein anderer als ich vielleicht längst als Klette erkannt und für die Öffentlichkeit völlig geräuschlos unter seinem Stiefel zertreten hätte, daß diese Frau doch schlimmstenfalls nur einen kleinen häßlichen Schnörkel dem Diplom hinzufügen könnte, in welchem mich die Öffentlichkeit längst als ihr achtungswertes Mitglied erklärt.

that the public should deal with this matter, for which, as I will always repeat, it is not responsible, I will not emerge from the proceedings unscathed, but it will certainly be taken into consideration that I am not unknown to the public, that I have always lived in its full light, trustworthy and deserving of trust, and that therefore this suffering little woman who has subsequently emerged, whom, incidentally, someone other than I might have recognized as a burr long ago and would have trampled under his boot for the public completely silently, that this woman could at worst only add a small ugly flourish to the diploma in which the public has long since declared me to be a member worthy of its respect.

7.18 Das ist der heutige Stand der Dinge, der also wenig geeignet ist, mich zu beunruhigen.

That is the present state of affairs, which is therefore little to worry me.

Daß ich mit den Jahren doch ein wenig unruhig 8.1
geworden bin, hat mit der eigentlichen Bedeutung
der Sache gar nichts zu tun;

The fact that I have become a little restless over the years
has nothing at all to do with the actual meaning of the
matter;

man hält es einfach nicht aus, jemanden immerfort 8.2
zu ärgern, selbst wenn man die Grundlosigkeit des
Ärgers wohl erkennt;

one simply cannot bear to annoy someone all the
time, even if one recognizes the groundlessness of the
annoyance;

man wird unruhig, man fängt an, gewissermaßen 8.3
nur körperlich, auf Entscheidungen zu lauern, auch
wenn man an ihr Kommen vernünftigerweise nicht
sehr glaubt.

one becomes restless, one begins, in a sense only physically,
to lurk for decisions, even if one does not reasonably
believe much in their coming.

Zum Teil aber handelt es sich auch nur um eine 8.4
Alterserscheinung;

In part, however, it is only a phenomenon of old age;

die Jugend kleidet alles gut; 8.5

youth clothes everything well;

unschöne Einzelheiten verlieren sich in der 8.6
unaufhörlichen Kraftquelle der Jugend;

unattractive details are lost in the unceasing source of
strength of youth;

8.7 mag einer als Junge einen etwas lauernden Blick
gehabt haben, er ist ihm nicht übelgenommen, er
ist gar nicht bemerkt worden, nicht einmal von ihm
selbst, aber, was im Alter übrigbleibt, sind Reste,
jeder ist nötig, keiner wird erneut, jeder steht unter
Beobachtung, und der lauernde Blick eines alternden
Mannes ist eben ein ganz deutlich lauernder Blick,
und es ist nicht schwierig, ihn festzustellen.

a man may have had a somewhat lurking look as a boy,
it was not held against him, it was not even noticed, not
even by himself, but what remains in old age are remnants,
everyone is necessary, no one is renewed, everyone is
under observation, and the lurking look of an ageing man
is quite clearly a lurking look, and it is not difficult to
detect it.

8.8 Nur ist es aber auch hier keine wirkliche sachliche
Verschlimmerung.

But here, too, there is no real factual deterioration.

9.1 Von wo aus also ich es auch ansehe, immer wieder
zeigt sich und dabei bleibe ich, daß, wenn ich mit
der Hand auch nur ganz leicht diese kleine Sache
verdeckt halte, ich noch sehr lange, ungestört
von der Welt, mein bisheriges Leben ruhig werde
fortsetzen dürfen, trotz allen Tobens der Frau.

So no matter where I look at it, time and again it becomes
apparent, and I stick to it, that if I cover this little thing
even very slightly with my hand, I will be able to continue
my previous life quietly for a very long time, undisturbed
by the world, despite all the woman's ravings.

Möwenstein Books

www.mowenstein.com

Renowned Authors

H. G. Wells · Ernest Hemingway
H. P. Lovecraft · Lewis Carroll
Franz Kafka · Friedrich Nietzsche
Albert Einstein · Oscar Wilde
Hans Christian Andersen

Notable Works

Frankenstein · *Alice in Wonderland*
Heart of Darkness · *The Great Gatsby*
Siddhartha · *The Metamorphosis*
Thus Spoke Zarathustra

Translation Services

We offer translation services in various languages, including German, Spanish, Chinese, Korean, Arabic, and more. For custom translations or revisions, please contact us at:

Email: translation@mowenstein.com

Our Collections

Franz Kafka Collection

- The Metamorphosis / Die Verwandlung
- The Trial / Der Prozess
- The Castle / Das Schloss
- and many more...

Pakt mit dem Teufel

- Faust Parts I & II by Johann Wolfgang von Goethe
- Doctor Faustus by Christopher Marlowe

Portraits of Irishmen

- The Picture of Dorian Gray by Oscar Wilde
- A Portrait of the Artist as a Young Man by James Joyce

Children's Classics

- Winnie-the-Pooh / Pu der Bär
- Brothers Grimm Fairy Tales
- Fairy Tales Told for Children
    - Author: Hans Christian Andersen

Visit Us

At Möwenstein Books, we are committed to providing high-quality bilingual editions of classic works. Explore our collections and discover more titles across various genres and languages.

Website: www.mowenstein.com